FVA

Hans Christoph Buch

Reise um die Welt in acht Nächten

Ein Abenteuerroman

FRANKFURTER VERLAGSANSTALT

1. Auflage 2009

Herstellung und Umschlaggestaltung: Laura J Gerlach
Umschlagmotiv: Neo Rauch
Satz: Fotosatz Reinhard Amann, Aichstetten
Druck und Bindung: GGP Media GmbH, Pößneck
Printed in Germany
ISBN: 978-3-627-00164-3

ERSTES BUCH: DER SCHWARZE DAMPFER

PROLOG: BILDBESCHREIBUNG

In der linken oberen Ecke des achtzig Zentimeter hohen und einen Meter breiten Gemäldes ist eine wie eine Niere geformte Wolke zu sehen, aus der ein Lichtkegel auf eine Kaimauer fällt; hinter dieser ragt ein Leuchtturm empor, bei dem es sich auch um den Geschützturm eines im Hafen ankernden Zerstörers handeln könnte. Am rechten Bildrand eine Strandpromenade, flüchtig skizzierte, nur durch Umrisse angedeutete Häuser und Hotels, gruppiert um eine im Schatten dämmernde Kirche, über die sich ein Getreidesilo erhebt.

Im Mittelpunkt des Bildes steht die das Hafenbecken umschließende Bucht, am unteren Bildrand links ein Streifen gelber Sand mit einem zum Meer schauenden Menschenpaar: Die Frau trägt einen Regen- oder Sonnenschirm und ein helles Kostüm, wie es in der Belle Époque Mode war, während ihr Begleiter, ein braun gekleideter Herr, ein Fernglas ans Auge führt. Am unteren Bildrand rechts ist ein zinnoberrotes Zelt aufgeschlagen, vielleicht ein Strandkorb, vor dem ein Mann im dunklen Anzug auf einem Liegestuhl sitzt, in die Lektüre einer aufgeschlagenen Zeitung vertieft. Auf halbem Weg zwischen dem Zeitungsleser und dem Ehe- oder Liebespaar sind gebückte Männer in weißen Hosen zu sehen, die Austern oder Schnecken von durch die Ebbe freigelegten Steinen klauben, und auf der Mittelachse des Bildes, noch immer am unteren Rand, steht mit wehender Jacke, auf den ersten Blick kaum zu erkennen, der Künstler vor seiner Staffelei und malt.

Er blickt auf das mit Schaum gesprenkelte, in Wellen anbrandende Meer, durch das auf halber Höhe eine Frau im schwarzen Badeanzug schwimmt, während im Vordergrund rechts ein Mann mit blauer Hose ins Wasser watet, um eine Reuse auszulegen oder einzuholen – das ist nicht genau zu erkennen. Das Zentrum des Gemäldes wird von einem schwarzen Dampfer eingenommen, der mit voller Kraft, wie es scheint, auf den Betrachter zufährt, umhüllt von einer düsteren Wolke, die wie ein schwarzes Loch die auf dem Bild vorhandene Materie aufsaugt und in Antimaterie verwandelt, bis nichts mehr übrig bleibt von Kaimauer und Strandpromenade, Leuchtturm und Kirche, Muschelfischern, Touristen und von dem Künstler an seiner Staffelei.

Der Sinn des Ganzen ist leicht zu erschließen, die Botschaft liegt auf der Hand, denn dies ist das letzte Bild, das Raoul Dufy, nachdem er sein Leben lang Seestücke, Hafen- und Strandszenen gemalt hatte, vollendete, kurz bevor er im März 1953 starb: *Le cargo noir* – der schwarze Dampfer – heißt das verstörende Gemälde, das im Lyoner Kunstmuseum hängt, und als sei der Titel nicht schon sprechend genug, hat der Künstler sein Werk so kommentiert: »Le soleil au zénith, c'est le noir; on est ébloui, on ne voit plus rien« – die Sonne im Zenit ist schwarz, man ist geblendet, man sieht nichts mehr ...

ERSTE NACHT:
TAJ MAHAL-HOTEL, BOMBAY, INDIEN

»My officer's hands can see me in the dark …«
(Indische Whiskyreklame)

1

Als ich aus dem Taj Mahal-Hotel in Bombay auf die Straße trat, sprach mich eine Blumenverkäuferin an, die Maria hieß, aber keine Jungfrau mehr war. So etwa könnte das erste Kapitel meines Romans beginnen. Aber so einfach ist es nicht, denn die Geschichte hat viel früher angefangen, und während ich diese Sätze zu Papier bringe, schreibt sie sich selber fort – wie die sich unaufhörlich aus sich selbst hervorbringende und wieder in sich selbst zurücknehmende Brandung des Indischen Ozeans. Wie soll ich dem Leser die Gerüche und Geräusche des Straßenverkehrs von Bombay vermitteln, das nicht enden wollende Hupkonzert und die Wellen von Hitze und Wolken von Autoabgasen, durch die ich mir hustend einen Weg bahne, verfolgt von Taxifahrern und Touristenführern, die mir unverständliche Obszönitäten nachrufen, betäubt vom Lärm der Lastwagen und Busse, die mit verbranntem Dieselöl die Luft verpesten, und geblendet von dem durch Smog gefilterten, flirrenden Sonnenlicht, das Häuser, Straßen und Plätze wie Leopardenfelle sprenkelt und Autos, Motorroller und Rikschas mit einer schlierigen oder schmierigen Staubschicht überzieht. Mein Hemd ist nass geschwitzt, als ich in den kühlen Schatten des Gateway of India eintauche und mich aufatmend an eine der in den Bergen von Ghat gebrochenen Basaltsäulen lehne. Das dreiflügelige Tor, durch dessen Mittelgang der König von England, George V., am Arm seiner Gattin geschritten sein soll, weist aufs Meer hinaus, über das griechische, persische, portugiesische und britische Eroberer kamen, um Indien zu unterjochen; der Subkontinent lag ihnen zu Füßen, und das Gateway of India bezeichnete den Punkt, an dem das besiegte Land die Schenkel spreizte, um die fremden Herren ungehindert eindringen zu lassen. Unter einem ziselierten Spitzbogen, der besser in einen gotischen Dom gepasst hätte, stand ein braunes Mädchen mit Blumengirlanden im Arm, deren weiße Blüten mit seinem schwarzen Haar kontrastierten; die Kleine lächelte mich an, schüchtern, wie mir schien.

»Wie heißt du?«

»Ich heiße Hans. Und du?«

»Maria. Ich bin Christin.« Zum Beweis spreizte sie die rechte Hand, auf die, zwischen Daumen und Zeigefinger, ein Andreaskreuz tätowiert war.

»Was machst du hier?«

»Ich verkaufe dir Blumen.«

»Ich brauche keine Blumen.«

»Dann gib mir Geld.«

»Wie viel?«

»Das liegt an dir. Ich bin keine Bettlerin. Warte einen Augenblick!«

Sie verschwand im Schatten einer Säule und kam erst wieder zum Vorschein, als ein Polizist außer Sichtweite war, der mit unter dem Arm geklemmtem Bambusstock die Durchfahrt inspiziert hatte.

»Hier bin ich wieder. Gib mir etwas. Oder kauf Blumen von mir.«

»Ich kaufe keine Blumen. Warum hast du Angst vor der Polizei?«

Sie lächelte. Wenn Inder sich unsicher fühlen, lächeln sie.

»Gib mir Geld. Ich muss Milchpulver kaufen für meinen kleinen Bruder.«

»Was kostet das Milchpulver?«

»Hundert Rupien.«

»Das ist viel Geld.«

»Ein halbes Kilo kostet nur fünfzig Rupien.«

»Wie alt ist dein kleiner Bruder?«

»Zwei, nein, er ist erst anderthalb.«

»Und wie alt bist du?«

»Ich bin fünfzehn, nein, sechzehn Jahre alt.«

»Du lügst. Du bist höchstens dreizehn.«

Wieder lächelte sie.

»Du bist ein hübsches Mädchen.«

»Das sagen alle Ausländer. Ich hätte lieber helle Haut wie du. Bist du Japaner?«

»Nein, Deutscher.«

»Du lügst.«

»Woher weißt du das?«

»Du siehst nicht wie ein Deutscher aus. Deutsche haben blaue Augen und blondes Haar.«

»Ich lade dich zu einem Glas Fruchtsaft ein. Oder möchtest du lieber einen Milkshake?«

»Das geht nicht. Ich bin noch zu jung, um in eine Bar zu gehen – schon gar nicht in Begleitung eines Ausländers. Komm mit mir!«

Sie nahm mich an der Hand, und das Gefühl, etwas Verbotenes zu tun, steigerte die Erregung, die ich empfand, während sie mich durch Hinterhöfe und gewundene Durchgänge, vorbei an schwelenden Abfallhaufen zu einem mit Plastikmüll übersäten Strand führte, auf dem streunende Hunde schnüffelten und Krähen hin und her hüpften. Ein penetranter Geruch nach Scheiße lag in der Luft. Ich presste mir ein Tempotaschentuch vor die Nase. »Hier«, sagte Maria und blieb vor einem nach Urin stinkenden Bauzaun stehen, »hier sieht uns keiner. Gib mir ein Taschentuch. Soll ich es mit der Hand oder mit dem Mund machen?«

2

Am Tag zuvor war ich, aus Berlin kommend, am Frankfurter Flughafen umgestiegen in die Lufthansa-Maschine nach Mumbai, das damals noch Bombay hieß. Obwohl die Stewardess mich nach Vorlage meiner Miles-&-More-Karte auf Business Class umgebucht hatte, wo die Beinfreiheit größer war als in der Touristenklasse, fiel es mir schwer, mich auf den in Fraktur gedruckten Text zu konzentrieren, den ich aus einem alten Buch fotokopiert hatte, um ihn während des Fluges zu lesen.

»Der Anblick Bombays vom Meer her ist äußerst malerisch«, hieß es im Baedeker von 1886: »Links erhebt sich das Fort, rechts Inseln, mit grünen Pflanzungen geschmückt; tiefer unten erblickt man den Hafen mit seinem Leuchtturm, im Hintergrund die im Dunst verschwimmenden Konturen der Ghats. Es gibt ein deutsches Konsulat, eine anglikanische und eine katholische Kirche, eine Synagoge, einen botanischen Garten und Hospitäler für Christen, Moslems und Hindus (auch für Tiere). Die Europäer wohnen inmitten üppiger Gärten auf dem Malabar Hill, auf dessen höchstem Punkt sich die Türme des Schweigens befinden, wo die Parsen ihre Toten bestatten.«

»Alles genau wie damals«, sagte ein neben mir sitzender Biochemiker aus Bombay, der bei Bayer Leverkusen in Köln angestellt war und nach zwölf Jahren zum ersten Mal seine Heimatstadt wieder besuchte. »Alles genau wie damals – nur die Einwohnerzahl hat sich verdoppelt, und die Abwässer von sechzehn Millionen Menschen fließen ungeklärt ins Meer.«

»Mitsamt der Scheiße«, rief ein am Fenster sitzender deutscher Geschäftsmann, der nach eigenem Bekunden Bombay wie seine Westentasche kannte. Er esse lieber Basmati-Reis als Pommes frites, fügte er nach einer Pause hinzu, aber der Inder hatte ihn falsch verstanden und fragte: »Mit oder ohne Mayonnaise?«

Bevor das Missverständnis aufgeklärt werden konnte, setzte der Airbus zur Landung an.

3

Das Hotelzimmer war kalt wie eine Tiefkühltruhe, aber in dem mit tropischen Stauden bepflanzten Innenhof war es schwülwarm, und ich zog das Jackett wieder aus, das ich nach dem Duschen übergestreift hatte, und nippte an dem von einem Sikh mit schwarzem Turban servierten Willkommensdrink, Mango-Lassi mit Old Monk – so hieß der indische Rum. Beim Hinaustreten auf die Straße zuckte ich zurück vor der feuchtheißen Luft, die Krischna, Kali oder wer auch immer für das indische Wetter zuständig war, mir wie ein nasses Handtuch um die Ohren schlug. Schon nach wenigen Schritten war ich in Schweiß gebadet, während ich, umkurvt von hupenden Autos, einen breiten Boulevard überquerte und mich in labyrinthischen Gassen verlief, ohne zu wissen, ob ich mich in einem Basar, einem Slumviertel oder einem Rotlichtbezirk befand. Reste von Bürgersteigen waren zu erkennen, Schlammpfützen, die ich weiträumig umschlich, Wellblechhütten und ein nicht zu Ende gebautes Haus, hinter dessen Gitterfenster ein nacktes Kind Grimassen schnitt. Eine Frau wrang einen Sari aus, ein Bettler spuckte Blut, bei dem es sich auch um Betelnusssaft handeln konnte, und auf einem Flachdach bauschten sich weiße Bettlaken, während aus einem defekten Kanalrohr schwarzes Wasser über meine Schuhe schwappte.

Hier sollte Alfred Döblin *Berlin Alexanderplatz* neu schreiben, dachte ich, während ich die Inschriften auf Ladenschildern und Namen von Geschäften in mein Ringbuch notierte: All India Fisherman's Bank – Eros Beauty Saloon – Shiva's

Water Supply – Thumbs Up Tandoori Chicken – No Photographs Please. Beim Gedanken an Günter Grass und Salman Rushdie klappte ich den Notizblock zu und bat einen schmutzig grinsenden Typ, der sich an meine Fersen geheftet hatte, mich zum India Gate zu geleiten, ohne zu wissen, ob der verdächtig aussehende junge Mann ein Dieb oder ein Zuhälter war – vermutlich beides zugleich.

4

»Gib mir ein Taschentuch. Hier sieht uns keiner. Soll ich es mit der Hand oder mit dem Mund machen?«

»Du sollst gar nichts machen. Hier sind hundert Rupien, damit du für deinen kleinen Bruder Trockenmilch kaufen kannst. Der Rest ist für dich«, hörte ich mich sagen, und im selben Augenblick bereute ich meinen Entschluss. Aber es war zu spät, denn Maria – falls sie wirklich so hieß – war geistesgegenwärtiger als ich, riss mir das Geld aus der Hand und verschwand genauso schnell, wie sie aus dem Nichts aufgetaucht war. Einem spontanen Impuls folgend, rannte ich hinter ihr her, aber beim Verlassen des Gateway of India traten mir zwei mit Bambusstöcken bewehrte Polizisten in den Weg und wollten wissen, wen oder was ich suchte. »Es gibt viele Blumenmädchen in Bombay«, sagte einer der beiden, während der andere in meinen Papieren blätterte, »warum muss es unbedingt diese eine sein?«

Der Polizist pfiff anerkennend durch die Zähne beim Anblick des amerikanischen Visums in meinem Pass. »Sie kennen die Welt«, fügte er hinzu, nachdem sein Kollege sich entfernt hatte, »und Sie sollten wissen: Nicht überall, wo Maria draufsteht, ist Maria drin. Hier ist meine Telefonnummer. Wenn Sie Sex mit Minderjährigen wollen, wenden Sie sich vertrauensvoll an mich!« Er befeuchtete mit der Zungenspitze seinen Schnurrbart, als spreche er von einer kulinarischen Spezialität, und gab mir augenzwinkernd den Pass zurück.

5

Als ich an der Rezeption des Taj Mahal-Hotels den Zimmerschlüssel verlangte, reichte mir der Nachtportier einen Zettel mit der Nachricht »Dr Gilada has called / Will call again«. Früh am Morgen hatte ich vergeblich versucht, Dr. Gilada zu erreichen. »Welchen Dr. Gilada wollen Sie sprechen«, hatte die Sekretärin der Universitätsklinik am Telefon gefragt, als gäbe es mehrere Ärzte, die so hießen, Gilada junior und senior vielleicht. Oder war es eine zufällige Namensgleichheit?

»Ich möchte den Aids-Spezialisten sprechen!«

»Etwas Geduld, bitte.« Als ich Dr. Gilada beim dritten Versuch endlich erreichte, wurde das Gespräch, noch bevor ich Zeit gefunden hatte, ihm mein Anliegen vorzutragen, mitten im Satz unterbrochen durch eine technische Panne oder durch höhere Gewalt. Jetzt aber klingelte, als ich den Duschraum betrat, um mir den Dreck der Millionenmetropole vom Leib zu spülen, hektisch das Telefon, und die Rezeptionistin teilte mit, ein Dr. Gilada warte in der Hotelhalle auf mich.

»Auf der Falkland Road leben und arbeiten 70 000 Prostituierte – die genaue Zahl kennt keiner«, sagte der aus einer Brahmanenfamilie stammende Arzt, der Bedürftige kostenlos behandelte und ein Programm zur Eindämmung der Aids-Epidemie ins Leben gerufen hatte: Die Frequenz der Sexualkontakte im Rotlichtmilieu sei so dicht, dass die Seuche sich explosionsartig ausbreite. Erst kürzlich – Dr. Gilada nippte an seinem Tee – erst kürzlich sei ein Geschäftsmann aus einem Bürohochhaus in den Tod gesprungen, weil er seine Frau und sein neugeborenes Baby mit Aids infiziert habe. »Sechzig Prozent aller *sex workers* sind HIV-positiv, Tendenz steigend, aber nur ein Zehntel wird statistisch erfasst, medizinisch untersucht und mit Kondomen oder Medikamenten versorgt. Polizei und Behörden sind bestochen oder schauen weg.« Dr. Gilada nahm die Brille ab, schloss die Augen und rieb eine wie ein Fragezeichen gekrümmte Falte über seiner Nasenwurzel.

6

Wir fuhren im Auto des Doktors in den Rotlichtbezirk von Bombay, der sich von der Falkland Road in die angrenzenden Straßen erstreckte – eine No-Go-Area und ein Staat im Staate, der eigenen Gesetzen unterlag. Links ein Meer von Kerzen in einem Hindutempel, vor dem Kinder anstanden, um sich Hände und Gesichter bunt färben zu lassen – morgen war das Fest der Freude, und an den Straßenecken lauerten Jugendliche, die sich einen Spaß daraus machten, Vorübergehende mit roter und gelber Farbe zu beschmieren. Rechts eine Moschee, in deren grüner Dämmerung Moslempatriarchen mit bestickten Mützen und langen Bärten knieten und mit hochgereckten Hintern beteten, die Köpfe nach Westen, in Richtung Mekka, gewandt.

»Wir arbeiten mit den Puffmüttern zusammen«, erläuterte Dr. Gilada, während er von der Hauptstraße abbog und den Wagen durch ein unübersichtliches Gewirr enger Gassen steuerte. »Herbergsmutter ist ein besseres Wort dafür. Die Phais sind ältere Prostituierte, die zwischen zehn und hundert *sex workers* betreuen. Sie kontrollieren Einnahmen und Ausgaben, schlichten Streitfälle, kümmern sich um Essen und Kleidung, sorgen für ein Minimum an Hygiene und sind eine Art Mutterersatz, weil sie die Sorgen und Nöte der Mädchen am besten kennen.«

Einem ungeschriebenen Gesetz zufolge kämen die *sex workers* stets von außerhalb, fuhr er fort, in diesem Fall aus Nepal oder aus Bangladesh. Kleine Kinder würden von ihren Eltern verkauft, an Schlepperbanden vermietet und von Zuhältern zur Prostitution gezwungen. Die meisten hätten nie eine Schule besucht und nur gelernt, ihren Freiern zu Willen zu sein, ganz egal, was die von ihnen verlangten.

»Von einundzwanzig untersuchten Patientinnen sind achtzehn HIV-positiv«, rief Dr. Gilada und schwenkte einen gelben Briefumschlag, der die Testergebnisse eines einzigen Tages enthielt. Die Angst vor Aids habe zu Umsatzeinbußen geführt, aber statt kostenlose Kondome zu benutzen, wichen die Kunden zur Victoria Station aus, wo käuflicher Sex billiger sei als auf der Falkland Road.

Am Vortag hatte ich den Bahnhof besucht, und der einstige Stolz des Britischen Empire war mir wie der Einstieg zur Hölle erschienen: Vorortbahnen mit offenen Waggons, in denen die Passagiere wie Vieh zusammengepfercht reisten, und Überlandzüge mit abgeschabten Holzbänken – Polstersitze gab es nur in der ersten Klasse. Noch ekelerregender als der Zustand der Bahnhofstoilette war der Gestank des das Gelände umschließenden Gitterzauns, an dem Tausende von Männern ihr Wasser abschlugen – die Harnsäure hatte die Eisenstäbe verätzt.

»Haben die Freier keine Angst vor Aids?«

»Viele von ihnen sind Analphabeten, Slumbewohner oder Tagelöhner aus der Provinz. Ihre Lebenserwartung ist kurz – denen ist alles egal.«

7

Der Wagen hielt vor einem offenen Abwasserkanal, über dem wie ein Trauerflor eine Wolke von Mücken schwebte, und Dr. Gilada besprühte meine Unterarme mit Moskitospray – zum Schutz vor Malaria, wie er erklärte: Das Gerücht, die Anopheles-Mücke übertrage HIV, sei purer Aberglaube. Kloakengeruch stieg mir in die Nase, und wir durchquerten einen Hinterhof, vorbei an kindlich wirkenden Prostituierten, in Käfigen oder auf die Straße geschobenen Gitterbetten zur Schau gestellt, während ich, ohne ihr Lächeln zu erwidern, das stockfleckige Gebäude betrat. Der Anblick hatte nichts Verführerisches, nur unendliche Traurigkeit und Müdigkeit lag auf den Gesichtern der Mädchen, die uns mit blass gepuderten Wangen, frisch gewaschen, frisiert und parfümiert, im Empfangsraum des Bordells erwarteten, artig aufgereiht vor einem Nylonvorhang, hinter dem gerade ein Kunde abgefertigt wurde. Unterdrücktes Stöhnen war zu hören, dazu leises Klirren von Halsketten, Armreifen und Ohrringen aus echtem oder falschem Gold, während die Puffmutter eine Lichterkette anknipste über dem mit Plastikblumen geschmückten Hausaltar. Der Schein bunter Glühbirnen glitt über Poster indischer Filmstars und einen Kalender mit dem Panorama eines Bergsees, in dem sich ein Himalaya-Gletscher spiegelte, während die Phai uns die Mädchen vorstellte, von denen das älteste gerade mal zwanzig war. Das jüngste war angeblich sechzehn, sah aber wie vierzehn aus, ein halbes Kind, das dankbar lächelnd aus der Hand des Arztes sein Todesurteil entgegennahm, ein mit dem Vermerk POSITIV gestempeltes Formular. Im besten Fall habe sie noch fünf Jahre zu leben, flüsterte Dr. Gilada mir zu: Sie werde noch ein, zwei Jahre lang ihren Beruf ausüben und Männer, die keine Kondome benutzten, mit HIV infizieren, das andere auf sie übertragen hätten. »Die Mehrzahl der Prostituierten weiß Bescheid und ist über das Risiko informiert, aber bei acht bis zehn Freiern pro Nacht ist es unmöglich, die Ansteckung zu vermeiden.«

Ein paar Meter weiter war der Eingang zum nächsten Bordell, in dem drangvolle Enge herrschte. Es roch wie in einer Umkleidekabine, eine schwer erträgliche Mischung aus Körperausdünstungen und süßlichem Parfüm, überdeckt vom Duft der Räucherkerzen, die der Gehilfe der Phai, ein Eunuche, bei meinem Eintritt entzündete und auf einem dem Glücksgott Ganesch gewidmeten Altar deponierte. Im Fernsehen lief ein Bollywood-Musical ohne Ton, unterbrochen von Werbespots, und hinter einem zugezogenen Vorhang drang Gelächter hervor. »One moment, I have a customer here«, sagte eine junge Frau mit verschwitztem Gesicht und schlang sich ein Handtuch ums nasse Haar, während Dr. Gilada ihren Hals befühlte. Die Mandeln waren dick geschwollen, und der Arzt ermahnte sie, regelmäßig Antibiotika einzunehmen, um die Infektion unter Kontrolle zu halten. Zum Abschied übergab er der Puffmutter drei Schuhkartons mit in Plastik eingeschweißten Kondomen, deren Gebrauch er in Englisch und Hindi erläuterte, und nahm allen Anwesenden das Versprechen ab, keinen ungeschützten Sex mehr zu gestatten, während die Phai seine Worte auf Kannada und Marathi übertrug.

Auf dem Weg zum Auto kamen wir an einer Phalanx wartender Männer vorbei, die bis zur Straßenecke Schlange standen, um in einem durch Vorhänge abgeteilten Verschlag, kaum größer als eine Hundehütte, ihre sexuellen Bedürfnisse zu befriedigen. Fliegende Händler boten Speisen und Getränke an, während die Prozession Meter um Meter vorrückte; kaum hatte ein Kunde seine Verrichtung beendet und zog sich die Hosen hoch, stand schon der nächste in der Tür. Die von der Akkordarbeit erschöpften Mädchen saßen oder lagen auf Bettgestellen im Hof, von männlichen Blicken taxiert, zogen Lidschatten nach oder legten Rouge auf, um sich auf die Nachtschicht vorzubereiten.

8

Ich wollte wissen, warum die Menschen hier sehenden Auges dem Tod entgegengingen, aber Dr. Gilada kam meiner Frage zuvor. »Hindi Fatalism«, wisperte er und steckte einem das Auto bewachenden Straßenkind eine Münze zu: »Der Glaube, dass Tod und Wiedergeburt von Ewigkeit vorherbestimmt sind und niemand dem rollenden Rad in die Speichen greifen darf. Die Schicksalsergebenheit ist Indiens gefährlichster Feind!«

Dr. Gilada beugte sich über den Beifahrersitz und entriegelte die Tür, da spürte ich einen heißen Atem im Nacken und schaute, als ich mich erschrocken umdrehte, in ein grell geschminktes Gesicht mit schwarz umrandeten Augen, die, so schien es mir in diesem Augenblick, auf den Grund meiner Seele blickten. Eine mit Ringen geschmückte Hand, deren Haut sich rau anfühlte, streichelte meinen Unterarm, der Duft von Patschuli stieg mir in die Nase, und eine tiefe Stimme, deren rauchiger Klang mich gegen meinen Willen erregte, hauchte mir ins Ohr: »Follow me. My name is Sheela. I will make you happy!«

»This man is no customer, he is a doctor!«, rief die Puffmutter dazwischen, meine Verfolgerin zuckte zurück, ich setzte mich ins Auto und zog die Tür hinter mir zu. Dr. Gilada steckte den Zündschlüssel ins Schloss und schaltete den Motor ein. Der Schreck saß mir in den Knochen. »Wer oder was war das?«, fragte ich aus sicherer Entfernung, als wir Kamathipura verlassen hatten – so hieß der Rotlichtdistrikt.

»Kein Eunuche, auch kein Transvestit oder Transsexueller, obwohl von all dem etwas in ihnen steckt. Hijras sind Männer, die Frauenkleider tragen und ihr Leben der Liebe weihen. Früher gaben sie sich in Tempeln den Gläubigen hin, heute gehen sie auf den Strich. Die Hijras haben die höchste Aids-Rate aller *sex workers* – ANAL PENETRATION, verstehen Sie?«

Ich wusste nicht, was oder wie mir geschah, mein Atem ging stoßweise, mir wurde schwindlig. »Ist Ihnen nicht gut? Kein Wunder bei der Luftfeuchtigkeit! Der Monsun macht müde und verursacht Kopfschmerzen.« Dr. Gilada stoppte vor der Auffahrt des Hotels. Halb betäubt stieg ich aus dem Auto, das mit blinkenden Rücklichtern im Dunkel der Nacht verschwand. Die Drehtür beförderte mich ohne mein Zutun in die Hotelhalle, wo der Portier mir den Zimmerschlüssel aushändigte, und ich fiel erschöpft ins Bett. Nein, das war kein Schwächeanfall – eine überpersönliche Macht hatte Besitz ergriffen von mir, ein rauschhaftes Verlangen, das meinen Herz- und Pulsschlag beschleunigte, und es dauerte lange, bis ich mir, pendelnd zwischen Ekel und Erregung, mein sexuelles Begehren eingestand. »Follow me. My name is Sheela. I will make you happy.«

Der Blick der schwarz umrandeten Augen hatte mich verhext, und eine rasende, nein: tobsüchtige Geilheit überschwemmte mich wie die Brandungswelle eines tropischen Ozeans. Dr. Gilada hatte von analer Penetration gesprochen. Das war es: Ich wollte dem Liebesgott – oder war es eine Göttin? – mein Sperma ins Arschloch spritzen, und nur die Angst vor Aids hatte mich davon abgehalten, es zu tun.

9

Früh am Morgen fuhr ich mit dem Taxi zum India Gate. Trotz des sanften Winds, der die Wogen kräuselte, war es drückend heiß, als ich das am Fuß der Treppe ankernde Boot bestieg, das mich zu den Elephant Caves befördern sollte. Der Hindutempel stand auf einer der Küste vorgelagerten Insel, benannt nach den Kolossalstatuen zweier Elefanten, die beim Abtransport ins Wasser gefallen und später vom Meeresgrund geborgen und im Victoria and Albert Museum aufgestellt worden waren. Oder hatten portugiesische Piraten die Skulpturen geraubt?

Ich drückte dem Fährmann meinen Obolus in die Hand und nahm auf der Rückbank des Bootes Platz. Der Schiffsführer, eine indische Inkarnation des Totengottes Charon, der die Verstorbenen ins Schattenreich übersetzt, schnalzte mit der Zunge und machte die Leine los. Die Sonne brannte mir ins Genick und tanzte auf den Wellen der von den Abwässern der Sechzehnmillionenstadt verdreckten Bucht. Ich fühlte mich wie der einsame Passagier auf dem Bild von Böcklin, der beim Anblick der Toteninsel den Mantel enger um sich zieht, und trotz der Hitze fröstelte ich. Nur die vor der Küste ankernden Containerschiffe passten nicht in das antike Szenario, so wenig wie ein stahlgrauer Zerstörer, an dem unser Kahn vorüberglitt, und ein Schnellboot der Küstenwache, dessen Besatzung mir mit rudernden Armen signalisierte, dass Fotografieren verboten sei. Hinter meinem Rücken versank die Skyline von Bombay im grauen Dunst: Abgase von Taxis, Bussen und Lastwagen der Marke Tata, deren Firmenlogo – vom Zementsack bis zur Warenhauskette – in Indien allgegenwärtig war. Die Kanonen des die Hafeneinfahrt bewachenden Forts zielten auf den Indischen Ozean, hierzulande Arabischer Ozean genannt, weil die Gefahr stets von jenseits des Meeres kam.

Das Boot kreuzte eine Pipeline, die zu einer Plattform mit Ölraffinerie führte, an der Supertanker ihre Ladung löschten. DANGEROUS CARGO – DON'T SMOKE stand auf Warnschildern, über denen öliger Rauch aus Feuer speienden Schloten quoll. Dann kam Elephanta in Sicht, ein felsiges Eiland, von dessen tropischer Vegetation nur Trockenwald übrig geblieben war: kahle Bergflanken, Dornbüsche, abgestorbene Mangroven, an denen Plastikfetzen hingen. Eine Neonröhre schwamm vorbei, und ich fragte mich, warum die natürliche Elektrizität des Meeres die Lampe nicht aufleuchten ließ. Kinder planschten im flachen Wasser, das, anders als in Bombay, durchsichtig war bis auf den Grund.

10

Das Boot hatte am Pier angelegt, und ich stieg auf breit ausgehauenen Felsstufen zum Tempel hoch, vorbei an Kiosken, die Souvenirs und Erfrischungen feilboten. Es war drückend heiß, und ich hielt die Fremdenführer auf Distanz, indem ich weder Postkarten noch Korallenketten, weder Thumbs-Up-Limonade noch Kingfisher-Bier kaufte, sondern mich mit dem Saft einer frischen Kokosnuss begnügte.

Der Zugang zu den heiligen Grotten kostete eine halbe Rupie – weniger als zehn Cent. Der älteste Tempel stammte aus der Zeit der Tang-Dynastie, als ein buddhistischer Mönch von China nach Indien pilgerte, das damals, glaubt man seinem Bericht, von affenköpfigen Dämonen bevölkert war – eine Anspielung auf den Affenkönig Hanuman. Die jüngeren Teile der Anlage wurden unter den Gujarat-Herrschern erbaut, kurz vor Ankunft der Portugiesen, die Schießübungen mit den aus den Felsen herausgemeißelten Statuen veranstalteten, wobei sie deren Geschlechtsteile als Zielscheiben benutzten.

»Die Haupthöhle ist 39,5 m lang, 40 m breit und 4,5 m hoch«, las ich im Baedeker von 1886. »Die Decke stützen 36 fein bearbeitete Säulen aus stehen gelassenem Fels, heute stark beschädigt, und an der dunklen Hinterwand erhebt sich ein 5,5 m hohes Relief der indischen Dreifaltigkeit, das Brahma, Wischnu und Schiwa darstellt.« Hier werde der Schöpfergott in all seinen Inkarnationen verehrt, hieß es weiter: als Demiurg und Zerstörer, Erhalter und Ernährer, der das Eis des Himalaya schmelzen lässt, um Indiens Felder zu bewässern, als Familiengründer und Vater des Glücksgottes Ganesch; als Krieger, der auf dem abgeschlagenen Kopf eines Dämons tanzt, die kosmische Ordnung durcheinanderwirbelt und gleichzeitig neu erschafft, oder als Yogi, der den Kreislauf von Tod und Wiedergeburt durchbricht und ins Nirwana entschwebt. Schiwa habe tausend Beinamen: Sankara, der Wohltäter, Rudra, der Zerstörer, Nataraja, der Tänzer, Daksinamurti, der Lehrmeister …

Ich hatte die indische Weisheit nie gemocht, deren angeblicher Tiefgang mir wohlfeil und kitschig erschien wie das Angebot eines Basars, aber ich musste mein Vorurteil revidieren, mir stockte der Atem, als ich Schiwa Ardhanarishvara gegenüberstand, dem androgynen Gott, halb Mann und halb Frau, Bewegung und Stillstand, erotische Ekstase und mystische Askese verkörpernd. Dies ist eine Welt von Leibern, mit Öffnungen, dazu bestimmt, sich ineinander zu verhaken und zu verschlingen: Das Zitat aus dem Marat/Sade-Stück von Peter Weiss ging mir durch den Kopf angesichts der knospenden Brüste, der schwellenden Hüften und sanft gerundeten Arme, die himmlische Seligkeit und höllische Verdammnis verhießen, und das größte Wunder war die wie Marmor polierte Oberfläche des schwarzen Steins, auf dem Schweißperlen glänzten: keine optische Täuschung, sondern von der Decke tropfende Feuchtigkeit.

Die Grotte erweiterte, nein: verengte sich zu einem wie eine Vulva geformten Hohlraum, und hier, am Ausgang des Tempels, wo ursprünglich der Eingang gewesen war, erhob sich das Allerheiligste, ein Lingam aus spiegelglattem, dunkelrotem Porphyr, bei dessen Anblick ich eine Erektion bekam. Und während ich unfreiwillig meinen Samen ergoss, wurde mir klar, dass mir auf der Falkland Road kein Transvestit, sondern ein indischer Gott begegnet war.

ZWEITE NACHT:
UNITED NATIONS CLUB, ISLAMABAD, PAKISTAN

»Ich habe meinen Mut erdrosselt ...«
(Boris Vian: *J'irai cracher sur vos tombes*)

1

Ich stelle mir vor, dass Kapruner ein Stück Schwarzbrot bei sich trug, nicht in der Hosentasche, da wäre es verkrümelt, nein, in der Jackentasche, Vollkornbrot oder Pumpernickel vielleicht, ein Qualitätsprodukt von Aldi, aber ich will keine Schleichwerbung machen, denn vor drei oder vier Jahren, als Kapruner sich das Rauchen abgewöhnte, hatte er sich angewöhnt, Schwarzbrot zu kauen, das, wenn man es lang genug einspeichelt, zuckersüß schmeckt: Fletschern heißt diese Methode nach ihrem Erfinder Dr. Fletscher, der jeden Bissen dreißigmal kaute. Auch Kafka fletscherte und machte damit seinen Vater nervös, Kafkas Vater hatte eine Engelsgeduld, doch manchmal beim Mittagessen riss ihm der Geduldsfaden, wenn sein Sohn Franz minutenlang fletscherte, nachzulesen in Kafkas Brief an den Vater, aber das gehört nicht hierher: Wir waren bei Kapruner, wie er Schwarzbrot kaufte am Frankfurter Flughafen, in der unteren Ebene des Flughafens, von der eine Rolltreppe zu den Bahngleisen hinabführt, Vollkornbrot oder Pumpernickel, vor dem Aufbruch nach

Pakistan, wo es nur Fladenbrote aus Weizenmehl gab, deckte Kapruner sich mit Schwarzbrot ein. Schon von Berufs wegen sind Reporter nervös, und die Reise in ein Kriegs- oder Krisengebiet machte Kapruner noch nervöser als er es in seinem Penthouse in Fuhlsbüttel oder am Schreibtisch in der Redaktion ohnehin war. Doch zum Glück hatte er einen ausreichenden Vorrat Schwarzbrot im Handgepäck, und gleich nach der Landung, nein: noch vor der Landung in Islamabad begann Kapruner zu fletschern. Wohltuende Süße füllte seine Mundhöhle aus, während er den Grenzbeamten seinen Impfpass vorlegte und, mit vollen Backen fletschernd, die Pass- und Zollkontrolle durchquerte, ins Taxi stieg und das Fletschern vorübergehend unterbrach, um dem Chauffeur sein Fahrtziel zu nennen, das Hotel Interconti in Rawalpindi, nicht Islamabad, und sich tastend davon überzeugte, dass er genügend Brot in der Jackentasche hatte, Vollkornbrot oder Pumpernickel, den er mit den Backenzähnen zermalmte, eine angenehme Süße breitete sich in der Mundhöhle aus: Wer weiß, dachte Kapruner, während er die Rechnung beglich und dem Chauffeur eine Dollarnote als Trinkgeld gab, wer weiß, wofür das Schwarzbrot noch gut sein würde, in der afghanischen Steppe, im Hindukusch, am Khyberpass oder – die Einsicht durchzuckte ihn wie ein elektrischer Schlag – im Entführungsfall? Aber auch dieser Gedanke, der andere in Panik versetzt hätte, verlor seinen Schrecken bei der Vorstellung, Vollkornbrot kauend in einem Geiselgefängnis zu sitzen und die letzte Scheibe Pumpernickel mit Mitgefangenen und Bewachern zu teilen: Selbst islamische Terroristen hatten nichts einzuwenden gegen gutes deutsches Vollkornbrot – oder doch?

2

Ich kenne Kapruner nicht, bin ihm nie begegnet, habe nie mit ihm gesprochen, weiß nicht, ob er kahlköpfig oder kraushaarig, picklig oder sommersprossig ist, ob er in T-Shirts und Jeans herumläuft oder Armani-Anzüge und Seidenhemden trägt, und ich habe keine Ahnung, ob er nach Achselschweiß riecht oder nach Old Spice – vielleicht beides zugleich. Ich kenne weder Kapruners Kragenweite noch seine Schuhgröße, und seine Lieblingsspeisen und Getränke sind mir so unbekannt wie seine erotischen Vorlieben. Ich weiß nicht, ob Kapruner hetero-, homo- oder bisexuell ist, ob er sich sportlich betätigt oder lieber in den Sessel furzt, ob er ledig, verheiratet oder geschieden ist, welches Alter und was für eine Berufsausbildung er hat. Ich stelle mir vor – da er mir nie leibhaftig oder, wie es neuhochdeutsch heißt, *live* begegnet ist, sind meiner Phantasie keine Grenzen gesetzt: Ich stelle mir also vor, dass Kapruner leitender Redakteur einer deutschen Wochenzeitung ist, dass er das Wort Journalist falsch ausspricht, mit D oder T im Anlaut, Dschurnalist oder Tschurnalist, und Redewendungen wie *Kostennutzenrechnung, auf gleicher Augenhöhe* oder *in trockenen Tüchern* in seine Artikel einbaut, dass er *schlicht und ergreifend* sagt, *nichtsdestotrotz, letztendlich* und *tschüüs* mit langem Ü. Und obwohl ich keine Anhaltspunkte dafür habe, ob das, was ich ihm unterstelle, tatsächlich zutrifft oder ob es sich um unbewiesene Behauptungen, Vorurteile und üble Nachreden handelt, trotzdem, gerade deshalb und *nichtsdestotrotz* hasse ich ihn. Damit nicht alles unverständlich wird, bin ich dem Leser an diesem Punkt eine Erklärung schuldig.

3

»Wie bitte?«, hatte die Sekretärin der Wochenzeitung mich am Telefon gefragt: »Sagen Sie das noch mal!« Sie schien mich für einen Schwindler zu halten oder für einen Snob, denn sie konnte und wollte nicht glauben, dass ich nur mit Kugelschreiber und Notizbuch bewaffnet in ein Kriegsgebiet reiste, ohne Laptop und Satellitentelefon, das heutzutage zur Grundausstattung jedes Reporters gehört; nicht mal ein Handy hatte ich dabei, weil ich, wie ich verschämt eingestand, gar keins besaß. »Dann rufen Sie vom Festnetz aus an«, sagte sie resigniert. »Melden Sie sich täglich bei der Redaktion, damit wir wissen, wo Sie sich gerade aufhalten und wie es Ihnen geht. Reisen Sie nicht nach Quetta, und nehmen Sie gleich nach der Ankunft mit Dr. Kapruner Verbindung auf. Er wohnt im Hotel Interconti, und Sie können dort eine Nachricht für ihn hinterlassen. Falls die Zimmernummer nicht stimmt, gebe ich Ihnen die Nummer seines Mobiltelefons!«

Ich überspringe das umständliche und zeitraubende Ausfüllen des Visumantrags, sogar die Geburtstage meiner verstorbenen Eltern musste ich angeben, den Geburtsnamen meiner Mutter und den Beruf meines toten Vaters, bevor der Leiter der Konsularabteilung, vielleicht war es auch dessen Stellvertreter, mir nach Zahlung einer Bearbeitungsgebühr den Pass mit dem eingestempelten Visum durch ein Klappfenster reichte, das er sofort wieder schloss. Die Konsulatsbeamten wollten sich nicht in die Karten gucken lassen und verschanzten sich hinter getönten Glasscheiben, durch die gedämpftes Kichern drang: Vielleicht trieb der erste Sekretär es in diesem Augenblick mit der Frau des zweiten Sekretärs, der gerade auf Heimaturlaub war – Bürosex nennt man das. Dabei fällt mir ein, wie die Sekretärin der kalifornischen Universität, an der ich kreatives Schreiben unterrichtete, sich mit hochgeschlagenem Rock, unter dem sie nichts anhatte, auf den Fotokopierer meines Büros setzte und dort das Abbild ihrer unteren Organe hinterließ, in Englisch *private parts* genannt, aber das spielt keine Rolle und gehört ebenfalls nicht hierher.

Vierundzwanzig Stunden später landete ich, aus London kommend, auf dem Flughafen von Islamabad, dessen Name mir entfallen ist, und stellte nach langem Warten an der Gepäckausgabe fest, dass mein Koffer in Heathrow verschütt gegangen war: Nur ein olivgrüner Seesack, dessen Besitzer sich nicht meldete, wanderte auf der Endlosschleife des Förderbands an mir vorbei, und obwohl der wie eine Erbswurst geformte Sack vermutlich nur dreckige Wäsche enthielt, hätte ich ihn in diesem Augenblick gern mein Eigen genannt. Es passierte nicht zum ersten Mal, dass mein Gepäck in Heathrow hängen blieb, wer über London flog, musste damit rechnen, ohne Koffer am Zielort einzutreffen, weil das Bodenpersonal streikte oder Dienst nach Vorschrift machte, und obgleich ich das hätte voraussehen können, hatte ich weder einen Pyjama noch Zahnbürste und Zahnpasta im Handgepäck, ganz zu schweigen von Hose und Hemd. Es dauerte eine geschlagene Stunde, bis ein Pappschild mit der Aufschrift NO MORE BAGGAGE auf dem Förderband erschien, und eine weitere Stunde verging, bis ich den für LOST LUGGAGE zuständigen Mitarbeiter der Hindustan Airlines ausfindig und ihm klargemacht hatte, dass es sich um einen Samsonite-Koffer mit Lufthansa-Etikett handelte, und das Formular ausfüllte und unterschrieb, auf dessen Durchschlag er eine unleserliche Telefonnummer kritzelte und beim Bart des Propheten schwor, nach Eintreffen des nächsten Fluges aus London, der planmäßig am Abend erwartet werde, werde der Koffer in mein Hotel gebracht. In welches Hotel? Maharadscha Motel. Dass mein dort reserviertes Zimmer inzwischen vergeben war und dass ich den blauen Samsonite-Koffer erst bei der Abreise wiedersehen würde, ahnte ich nicht, als ich im Morgengrauen – ich war um Mitternacht gelandet, und hinter den die Straße zum Flughafen säumenden Königspalmen rötete sich der Horizont – ins Taxi stieg.

4

»Nicht überall, wo Demokratie draufsteht, ist auch Demokratie drin«, murmelte Kapruner halblaut vor sich hin, und um die Formulierung nicht zu vergessen, schrieb er sie mit Rotstift in seinen Taschenkalender – vielleicht war es auch ein Notizblock mit dem Logo des Interconti-Hotels, der neben ihm auf dem Frühstückstisch lag. Ich kann nicht beschwören, ob Kapruner diesen Satz geäußert hat, weiß nur noch, dass ich ihn auf dem Rückflug von Pakistan in der Zeitung las, in einem ERKENNTNISGEWINN überschriebenen Kommentar, der mit *Pakistans Militärmachthaber muss sich fragen lassen* begann und mit *nichtsdestotrotz* endete: Dazwischen war von trockenen Tüchern die Rede und davon, dass nicht überall, wo Demokratie draufstehe, auch Demokratie drin sei. Im Nachhinein kommen mir Zweifel, ob es wirklich Kapruner war, der, ohne von seinem Teller aufzublicken, diese Worte gemurmelt hat. Vielleicht war es Magruder, der New Yorker Fotograf, der seit dem Scheitern seiner Ehe von einem Kriegsgebiet ins andere reiste und gegen seinen Willen immer wieder heil nach Hause zurückkehrte, wo ihn beim Gedanken an seine gescheiterte Ehe eine unheilbare Depression befiel. Magruder sprach gebrochen deutsch, und während ich darüber nachdachte, ob er für Magnum oder Reuters arbeitete und ob ich ihm in Monrovia oder Phnom Penh zuletzt begegnet war, winkte er mich zu sich an seinen Tisch. Kapruner kenne er nur vom Hörensagen, meinte Magruder, und falls er ihm über den Weg gelaufen sei, habe er ihn nicht wiedererkannt. »Der angebliche Afghanistan-Krieg ist ein großer Bluff, der wie eine Seifenblase platzen wird«, fuhr er fort. »Entweder passiert gar nichts, oder die Sache endet wie das Schießen in Hornberg – ist das richtiges Deutsch?« Und er riet mir, das Luxushotel so schnell wie möglich zu verlassen. Die amerikanische Botschaft habe vor Bombenanschlägen gewarnt, und er bleibe nur deshalb hier, weil er noch nie eine Bombenexplosion am eigenen Leib erlebt habe. Magruder streute Pfeffer in seinen Tomatensaft und sprenkelte Chilisoße auf ein Spiegelei. »Rawalpindi ist langweilig, in Islamabad ist mehr los.« Dort sei ich mitten im Geschehen und näher am Puls der Zeit. Und er empfahl mir das Ambassador, ein Mittelklassehotel am Rand des Basars. Ich befolgte seinen Rat und fiel sofort nach dem Einchecken in traumlosen

Schlaf, aus dem ich erst Stunden später mit brennendem Durst erwachte – nicht auf Kaffee oder Tee, sondern auf Höherprozentiges.

5

Ich bin mir nicht mehr sicher, ob es das Holiday Inn, das Marriot oder das Hotel Interconti war, das nach meiner Abreise dem Erdboden gleichgemacht wurde durch eine in der Lobby deponierte und detonierte Bombe aus den Arsenalen von al-Qaida, Jamaat al-Islami oder Lashkar-e-Toiba – die Namen der Terrorgruppen sind so austauschbar wie die der Hotelketten, weil zwischen Touristen und Terroristen ein untergründiger Zusammenhang besteht. Damals, im Herbst 2001, stand das Hotelhochhaus noch, vor dem ein schnurrbärtiger Taxichauffeur mich augenzwinkernd absetzte – sein Schnurrbart und sein Augenzwinkern waren zwei Seiten derselben Medaille –, nachdem ich ihm mit Händen und Füßen klargemacht hatte, dass ich auf der Suche war nach einem doppelten Whisky, mich notfalls aber auch zufrieden geben würde mit einem einfachen Bier. Dazu muss man wissen, dass Alkohol in der pakistanischen Hauptstadt schwerer aufzutreiben war als käufliche Liebe, die an jeder Straßenecke angeboten wurde, und dass Islamabads Bier- und Whiskytrinker sich unter konspirativen Umständen trafen, in ständiger Angst vor den Tugendwächtern der Taliban, deren Herkunftsland Pakistan war, wo man die Koranschüler ideologisch indoktriniert und militärisch gedrillt hatte, bevor sie ausgeschwärmt waren ins benachbarte

Afghanistan. Die Sittenpolizei, Abteilung zur Aufrechterhaltung der Tugend und zur Bekämpfung des Lasters genannt, führte Razzien im Rotlichtmilieu durch und war eher bereit, bei sexuellem Missbrauch die Augen zuzudrücken, als bei Alkoholmissbrauch, denn aus Sicht der Religionswächter war Sex mit Kindern weniger verwerflich als Wein- oder Bierkonsum.

Mit entsprechend gemischten Gefühlen, um nicht zu sagen mit zitternden Knien, betrat ich die klimatisierte Lobby, in der Diplomaten und Journalisten sich die Türklinken in die Hand gaben mit humanitären Helfern und Rucksacktouristen, die von Bombenattentätern nur schwer zu unterscheiden waren, weil Terroristen und Touristen etymologisch urverwandt sind – ich sagte es schon. Nach Durchschreiten einer elektronischen Sperre, die außer Betrieb zu sein schien, lenkte ich meine Schritte zur Rezeption, wo ein Paschtune mit Dolch und Turban, der mich an den Haremswächter in Mozarts *Entführung aus dem Serail* erinnerte, wissen wollte, ob und wie er mir behilflich sein könne.

»Die Sky View Bar liegt im zwanzigsten Stock«, sagte er, nachdem ich mein Anliegen vorgebracht hatte. »Ein Besuch lohnt sich immer. Die Aussicht ist überwältigend, besonders jetzt, nach Einbruch der Dunkelheit. Dort finden Sie alles, was Sie suchen. – Aber«, fügte der Mann an der Rezeption mit maliziösem Lächeln hinzu, wobei sein Oberlippenbart sich mokant kräuselte, »das Betreten der Bar ist nur Hotelgästen gestattet. Sind Sie Gast des Hotels oder haben

Sie einen Bekannten, der bei uns logiert und nichts dagegen hat, Sie an die Bar zu begleiten? Wenn nicht, darf ich Ihnen keine Hoffnung machen!«

Der zum Rausschmeißer gewordene Empfangschef wandte sich mit gespieltem Bedauern von mir ab, und ich war bereit, den Rückzug anzutreten und mich ins Unvermeidliche zu fügen, als mir ein rettender Gedanke kam. »Kapruner«, sagte ich und warf den Namen wie eine Angelschnur mit Blinker aus, »mein Freund Kapruner wohnt hier im Hotel. Sicher haben Sie schon von ihm gehört.«

»Tut mir leid«, sagte der Rezeptionist nach einem kurzen Blick auf den Computer, »Mr. Kapruner ist nicht in seinem Zimmer. Möchten Sie, dass ich ihn ausrufen lasse? Wie war doch Ihr Name?«

»Nicht nötig. Ich finde ihn auch so.«

Das war eine faustdicke Lüge, denn ich war Kapruner nie persönlich begegnet und wusste nicht einmal, ob er dick oder dünn, vierschrötig und gedrungen oder ein Zweimetermann war. Unter dem Vorwand, meinen Freund zu suchen, mischte ich mich unter die in der Lobby zirkulierenden Hotelgäste und sprach, misstrauisch beäugt von der Rezeption, einen wildfremden Menschen an, der so aussah, als wäre er einem Drink nicht abgeneigt. Aber ich hatte kein Glück. Meine Frage: »Hätten Sie Lust, ein Bier mit mir zu trinken? Es darf auch ein Whisky sein«, wurde mit der Gegenfrage beantwortet: »Sind Sie Gast des Hotels?« Und es stellte sich heraus, dass der Angesprochene in derselben Situation war wie ich. Hotelgäste machten sich rar, und die Lobby diente als Andockstelle für in Pakistan gestrandete Alkoholiker, die auf der Suche waren nach einem Saufkumpan.

»Folgen Sie mir unauffällig«, sagte ein verdächtig aussehender Typ, der sich in der Toilette an meine Fersen geheftet hatte und seither keinen Schritt von mir wich. »Mr. Kapruner erwartet Sie!« Vielleicht sagte er auch *Dr. Kapruner* – das weiß ich nicht mehr genau. Mit Schiebermütze und karierten Knickerbockern wirkte er wie ein dilettantisch getarnter Geheimagent – nicht James Bond, sondern Nick Knatterton auf Verbrecherjagd im Hindukusch. Ich hatte mich doppelt getäuscht, denn der Fremde war kein Spion der CIA oder des KGB, der neuerdings FSB hieß, kein Spitzel des pakistanischen Geheimdiensts ISI und auch kein Hoteldetektiv, sondern ein Durstiger auf der Suche nach einem Gratisdrink. Er winkte einem Taxi, das mit laufendem Motor vor der Einfahrt hielt, und nahm auf dem Beifahrersitz Platz, während ich mich auf die Rückbank zwängte, gefolgt von dem Unbekannten, der mich gefragt hatte, ob ich Hotelgast sei. Mitgefangen, mitgehangen, dachte ich beim Blick auf die gesträubten Nackenhaare des Chauffeurs, der mir im Rückspiegel zublinzelte: Ich habe vergessen, ob er Hassan oder Hussein hieß – um die Anonymität zu durchbrechen, frage ich Taxifahrer stets nach dem Vornamen –, weiß nur noch, dass der Chauffeur, wie alle Paschtunen, einen Schnauzbart trug und passend dazu eine Camel rauchte, während er das Taxi durch immer dunkler werdende Straßen Gott weiß wohin steuerte.

Wenn dies eine Geiselnahme war, dann hatten die Kidnapper ihre Opfer so sorgfältig ausgewählt wie Zeitpunkt und Ort – handverlesen war das richtige Wort dafür. Neben mir auf der Rückbank saß der aus Bangkok eingeflogene Korrespondent der *Far Eastern Economic Review*, während der Mann mit den Knickerbockern vorgab, für den *New Yorker* zu arbeiten – also doch CIA? Die Skyline der Großstadt verschwand hinter dem Horizont, das Taxi verließ die Hauptstraße und bog in einen stockfinsteren Waldweg ein. Es muss Gedankenübertragung gewesen sein, denn während das Herz mir bis zum Halse schlug, öffnete mein Nebenmann seinen obersten Kragenknopf, und selbst Nick Knatterton, vorher die Ruhe selbst, nahm die Schiebermütze ab und kratzte bedenklich seinen kahlen Hinterkopf, als der Wagen mit quietschenden Bremsen auf einer Lichtung hielt. Eine rot-weiß gestrichene Barriere versperrte die Weiterfahrt, bemannt mit Milizionären in Tarnuniformen, von denen einer die Fahrzeugpapiere prüfte, während der andere uns mit einer Stablampe blendete. Dann kurbelten sie mit vereinten Kräften den Schlagbaum hoch, und der Taxichauffeur fuhr laut hupend auf einen von Schäferhunden bewachten, von Scheinwerfern taghell erleuchteten Drahtverhau zu, der wie eine Fata Morgana aus der Nacht auftauchte.

6

»Willkommen im United Nations Club, sagte eine Blauhelmsoldatin mit dänischem Akzent, während ihr ukrainischer Kollege, ein Hüne namens Igor, einen deutschen Schäferhund mit Mühe davon abhielt, sich zähnefletschend auf mich zu stürzen. »Zuerst werden Sie nach Waffen und Sprengstoff durchsucht. Dann tragen Sie Ihre Personalien mit Passnummer und Herkunftsland sowie die Namen der Medien, für die Sie arbeiten, in unser Gästebuch ein und berappen das Eintrittsgeld. Nur zahlende Mitglieder haben Zutritt zum United Nations Club. Aber keine Sorge«, fügte sie mit Blick in unsere fragenden Gesichter hinzu. »Mit dem Verzehrbon, den Sie erwerben, können Sie alkoholische Getränke kaufen.«

»Eine Frage noch«, sagte ich, während meine Begleiter sich an mir vorbeidrängten, wie Odysseus vom Gesang der Sirenen angelockt von Gläserklirren und Gelächter aus der Tiefe der Bar. Ein schiefer Vergleich, weil der United Nations Club eher an die Insel der Circe erinnerte, die mit ihrem Zauberstab die Gefährten des Odysseus in Schweine verwandelt.

»Haben Sie den Namen Kapruner schon mal gehört?«

»Kapruner«, sagte die blonde Blauhelmsoldatin und legte den Zeigefinger an ihre mit Sommersprossen übersäte Stupsnase. »Der Name klingt schwedisch, aber der Ort liegt in Österreich. Ich weiß, wovon Sie reden, denn ich war im Urlaub dort.«

Ich ging nach nebenan ins Büro und blätterte unter dem Vorwand, meine fehlende Passnummer nachzutragen, in dem zerfledderten Gästebuch, als ein Schatten über die aufgeschlagenen Seiten fiel. Igor, der Kampfhund aus der Ukraine, hatte das Gespräch mitgehört und beugte sich über mich, um mir einen Tipp zu geben, der, wie er sagte, mit Geld nicht aufzuwiegen war. »Dort drüben«, wisperte er hinter vorgehaltener Hand, während ich ihm einen Fünfdollarschein in die Brusttasche steckte. »Dr. Kapruner ist Stammgast bei uns. Er sitzt dort drüben an der Bar.«

Und er wies mit diskretem Fingerzeig auf einen unauffällig wirkenden Herrn, der weder jung noch alt aussah, weder gut noch schlecht gekleidet war: Ein Mann ohne Eigenschaften, dachte ich und ertappte mich bei dem Gedanken, Kapruner habe, um seine Verfolger in die Irre zu führen, einen Klon oder eine Attrappe im United Nations Club aufgestellt, eine mit Kleidern behängte Schaufensterpuppe, die bei der leisesten Berührung vom Barhocker fallen würde. Nur die abstehenden Ohren, wie Christbaumkugeln glühend im schummrigen Licht der Bar, passten nicht ins Bild, so wenig wie das aus der Ohrmuschel sprießende Haar, das sich in der Zugluft kräuselte als Indiz dafür, dass keine ägyptische Mumie, sondern ein lebender Mensch vor mir saß.

Ich gab mir einen Ruck und trat von hinten an ihn heran. »Dr Livingstone, I presume«, sagte ich so unbefangen wie möglich, »oder sind Sie Dr. Jekyll und Mr. Hyde?« Der Lärm aus der Musikbox hatte meine Worte übertönt, und ich wiederholte sie, ohne dass der Angesprochene reagierte, im Gegenteil – Kapruner drehte sich nicht mal auf dem Barhocker um. Entweder war er schwerhörig, oder er hatte meine Anrede falsch verstanden und dachte über deren tiefere Bedeutung nach. Eine doppelte Fehleinschätzung, denn als ich ihn antippte, wandte er quälend langsam, in Zeitlupe, den Kopf und stierte mich mit glasigen Augen an. Wenn der Typ an der Bar wirklich Kapruner war, dann war er weder schwerhörig noch begriffsstutzig, sondern sturzbesoffen, mit Betonung auf Sturz, denn anders als in meinem Tagtraum sackte er nicht seitlich vom Stuhl, sondern kippte vornüber und schlug mit dem Kopf gegen den Tresen. Er griff Halt suchend ins Leere, riss zwei Gläser um und landete mit der Stirn in einer mit Scherben gespickten Bierpfütze, die sich rot färbte. Nick Knatterton und der Reporter aus Bangkok waren geistesgegenwärtig zur Stelle, und mit vereinten Kräften, zu dritt, schafften wir unseren aus einer Stirnwunde blutenden Kollegen nach draußen, wo wir ihn in ein mit laufendem Motor wartendes Auto setzten. Es war das Taxi, mit dem wir gekommen waren, und der Chauffeur, Hassan, Hussein oder wie immer er hieß, versprach uns, den Passagier wohlbehalten im Interconti abzuliefern. Wir betteten Kapruner auf die Rückbank, und für den Fall, dass er sich auf der Fahrt übergeben würde, übernahm ich die Kosten für die chemische Reinigung der Sitzpolster.

7

Bei der Rückkehr ins Hotel – nicht die Luxusherberge, in der Kapruner logierte, sondern mein Mittelklassehotel in der Innenstadt – übergab mir der Portier, der mit seinem Turban und fadenscheinigen Spitzbart wie Hadschi Halef Omar aussah, ein Fax aus Hamburg, dem kurz danach ein zweites und drittes folgten. Die Chefsekretärin der Zeitung, für die ich arbeitete, wollte wissen, ob ich weisungsgemäß mit Kapruner Kontakt aufgenommen hätte; die Redaktion sei in Sorge, denn man habe seit zwölf Stunden nichts mehr von ihm gehört.

»Falscher Alarm, es geht ihm gut«, faxte ich zurück und schilderte in kurzen Worten meine Begegnung mit Kapruner, unter Weglassung kompromittierender Details. Doch die Sekretärin des Wochenblatts, in deren Büro die Fäden eines weltweiten Korrespondentennetzes zusammenliefen, traute dem Frieden nicht und hakte nach: Kapruner sei nicht in sein Zimmer zurückgekehrt und weder über das Festnetz noch am Mobiltelefon erreichbar, auch nicht per E-Mail oder per Fax, schrieb Mrs. Moneypenny, trotz und wegen ihrer untergeordneten Stellung die mächtigste Frau in der Redaktion. Und sie befahl mir, alles Menschenmögliche zu tun, um Kapruner ausfindig zu machen. »Aber passen Sie auf sich auf!«

Diesen Satz hatte ich in Kriegsgebieten immer wieder gehört, ohne praktische Konsequenzen aus ihm ableiten zu können. Sollte ich flüchten oder standhalten, mutig vorpreschen nach dem Motto »Dem Tüchtigen gehört die Welt« oder klein beigeben nach der Devise »Wer sich in Gefahr begibt, kommt darin um«?

»Falls Kapruner etwas zugestoßen ist«, kabelte ich nach Hamburg, »was ich nicht glaube, weil der Taxichauffeur mir versprach, ihn wohlbehalten im Hotel abzuliefern, dann halten seine Entführer ihn in an einem sicheren Ort versteckt. Die Hochburg der Terroristen ist Quetta, ihre Schlupfwinkel sind die Stammesgebiete in der Nähe von Peshawar. Wollen Sie, dass ich dort nachforsche?«

Die Antwort kam postwendend. »Tun Sie, was Sie nicht lassen können«, schrieb Mrs. Moneypenny, »aber fahren Sie auf keinen Fall nach Quetta. Und passen Sie auf sich auf!«

Ich dachte nach über diese vieldeutige Auskunft und kam mir dabei vor wie ein Monopolyspieler, der kurz vor dem Ziel – Schlossallee oder Parkstraße – eine Karte zieht mit der Aufschrift »Gehen Sie direkt ins Gefängnis. Gehen Sie nicht über Los. Ziehen Sie keine 4 000 Mark ein!«

8

Ich saß in der Lobby des Hotels Ambassador und trank grünen Tee, weil Bier in Pakistans Hauptstadt nur unter Lebensgefahr aufzutreiben war, als mir der Zufall zu Hilfe kam.

»Mein Name ist Hadschi Halef Omar Ben Hadschi Abul Abbas Ibn Hadschi Dawuhd Al Gossara«, sagte der Kellner und zwinkerte mir so kumpelhaft zu, dass es mir wie Schuppen von den Augen fiel. Kein Zweifel, der folkloristisch kostümierte Hoteldiener war niemand anders als mein treuer Freund Halef, der mir als Volontär bei der Deutschen Welle begegnet war, wo er Nachrichtensendungen auf Urdu moderiert hatte. Weil er als Pilger in Mekka gewesen war, nannten wir ihn Hadschi Halef Omar, während er mich Kara Ben Nemsi titulierte, und wie in einem Abenteuerroman von Karl May hielten wir wie Pech und Schwefel zusammen, bis unsere Wege sich trennten. Nach dem Sturz des Militärherrschers Zia ul-Haq kehrte Halef in sein Heimatland zurück in der Hoffnung, beim Aufbau der Demokratie mithelfen zu können. Doch die neuen Machthaber hatten kein Interesse an einem bei der Deutschen Welle ausgebildeten Rundfunkreporter, und weil er nichts Besseres fand, akzeptierte er den schlecht bezahlten Job als Hotelportier, den er nur wegen seiner Sprachkenntnisse bekam.

Zusammen mit dem Tee kredenzte Halef mir einen chinesischen Glückskeks, auf Englisch *fortune cookie* genannt, aus dessen Innerem ein Papierstreifen zum Vorschein kam mit dem Aufdruck: SIE WERDEN EINE NUR FÜR SIE BESTIMMTE BOTSCHAFT ERHALTEN. Auf die Rückseite kritzelte er die Adresse eines Friseursalons, den ich erst nach langem Suchen im Labyrinth der Altstadt ausfindig machte. Altstadt ist nicht das richtige Wort: Es handelte sich um einen Basar, in dessen Budengassen gleich neben der Moschee, ein Friseurgeschäft neben dem anderen lag. Vergeblich studierte ich die Ladenschilder, auf denen, allem Antiamerikanismus zum Trotz, Ortsnamen wie Hollywood, Las Vegas und New York ständig wiederkehrten, bis mir aus dem Innern eines *barber shops* mein Freund Halef zuwinkte, den ich kaum wiedererkannte: Der falsche Bart war ab, und anstelle von Pluderhosen trug er Bluejeans und ein T-Shirt mit Che-Guevara-Bild und dem Slogan ¡HASTA LA VICTO-

RIA, SIEMPRE! – zur Tarnung, wie er sagte, weil Che Guevara für islamische Extremisten einen ähnlichen Stellenwert besaß wie Osama bin Laden.

Halef gab sich als mein Fahrer und Übersetzer aus, im Journalistenjargon *stringer* genannt, und hielt den Kunden des Friseursalons sein Mikrofon unter die Nase, um sie nach ihrer Meinung zum Attentat des 11. September und zum angedrohten Gegenschlag der USA zu befragen, während ich ihre Antworten mitschrieb. »Gott ist groß«, sagte der Inhaber des Friseurladens, »und alles, was passiert, ist vorherbestimmt. Das Geschäft läuft schlecht – alle reden nur noch von Politik!« Und er zeigte nach draußen, wo Sprechchöre skandierende Jugendliche ein Transparent vor sich her trugen mit der Aufschrift OSAMA ZINDABAD – TALIBAN ZINDABAD – AMERICA MURDABAD! – Osama soll leben, die Taliban sollen leben, Amerika soll sterben! – bewacht von hinter Schutzschilden verschanzter Polizei, die nicht so aussah, als würde sie die Slogans der Demonstranten missbilligen. »Ich weiß nicht, wen ich mehr verabscheue«, meinte Muhammad Azam, Finanzbeamter und Vater von zwei Kindern, während der Friseur ihm den Bart einseifte: »Israel, Indien oder die USA.« Und um zu beweisen, dass er für die Regierung arbeitete, zeigte er mir seine Dienstnummer.

»Ich bin entsetzt und schockiert über die Terroranschläge«, sagte ein arbeitsloser Ingenieur namens Aziz, der, unter einer Wella-Reklame sitzend, darauf wartete, einen Haarschnitt verpasst zu bekommen. »Aber es war töricht von

George Bush, das Attentat Osama bin Laden in die Schuhe zu schieben. Bei uns weiß jedes Kind, dass Israels Geheimdienst Mossad dahintersteckt. Warum sonst gingen die jüdischen Mitarbeiter des World Trade Center am 11. September nicht zur Arbeit?« Und er befahl dem Ladenjungen, den Gästen Tee nachzuschenken. »Unter den Flüchtlingen aus Afghanistan halten sich Diebe und Mörder versteckt«, brummte der Friseur, »während er an einer Lederschlaufe sein Rasiermesser schärfte und Seifenwasser schaumig schlug: »Aber mit Gottes Hilfe erteilt Pakistan seinen Feinden eine Lektion, die sich gewaschen hat!«

Ich schrieb pflichtgemäß alles auf, war aber nur halbherzig bei der Sache, weil das Gespräch im Basar nichts beitrug zur Lösung der mir gestellten Aufgabe, Kapruner aus der Gewalt seiner Entführer zu befreien. Halef schien meine Gedanken erraten zu haben, denn im Gewühl der Polizisten und Demonstranten wisperte er mir zu, er wisse, wonach ich suche, und verstehe meinen Frust. Er zog mich in ein Café, eine Kebab-Bude genauer gesagt, wo es scharf gewürztes Fleisch in allen Variationen gab, mit oder ohne Spieß, und ich fragte ihn, ob er einen Taxichauffeur mit Schnauzbart kenne, der mit Vornamen Hassan oder Hussein hieß.

»Der Name und die Beschreibung passen auf alle Taxifahrer hier«, sagte Halef, während der Wirt einen Korb mit Fladenbrot und eine Schüssel Salat auf den Tisch stellte und ein Auge zusammenkniff, als kenne er Kapruners Aufenthaltsort. Er klappte die defekte Kühltruhe auf und zog mit verschwörerischer Miene eine Plastikflasche heraus, die kein Coca-Cola, sondern lauwarmes Guinness-Bier enthielt, das in der Mittagshitze noch durchschlagender wirkte als nach Einbruch der Dunkelheit.

»Kapruner ist an einem sicheren Ort. Keine Sorge – es geht ihm gut«, sagte Halef und wischte sich mit dem Handrücken den Schaum vom Mund. »Morgen früh fahren wir nach Peshawar – pünktlich um sieben!«

9

Seit der Landung in Pakistan hatte ich nicht mehr auf die Uhr geschaut, aber obwohl oder weil ich übermüdet war, konnte ich nicht einschlafen. Ich wälzte mich ruhelos hin und her und hörte in den Spätnachrichten von CNN, wie Nick Knatterton die Lage einschätzte: »Nach dem Freitagsgebet in der Moschee liegt angespannte Ruhe über der Stadt«, orakelte er, und als hätten beide sich abgesprochen, wiederholte der Reporter der *Far Eastern Economic Review* in den *World News Asia* der BBC fast wörtlich denselben Satz: »Nach dem Freitagsgebet in der Moschee liegt gespannte Ruhe über dem Basar.« Ich dachte nach über die Ungleichheit des Ähnlichen und versuchte vergeblich, mich auf die Sendung *Hard Talk* zu konzentrieren, in der Peter Arnett und Christiane Amanpour wild aufeinander eindroschen. »Wie mit Baseballschlägern«, dachte ich – bei diesem Gedanken muss ich eingeschlafen sein.

Im Traum irrte ich durch ein unterirdisches Tunnelsystem an der Grenze Pakistans zu Afghanistan. Der Name des Ortes war Tora Bora, und mein Name war Bond, James Bond: Gegen die ausdrückliche Weisung der Zentrale hatte ich mich, um einen entführten Journalisten zu befreien, Terroristen als Geisel angeboten. *Ich habe Sie gewarnt, 007*, sagte Mrs. Moneypenny mit metallisch scheppernder Stimme, *jetzt kann ich nichts mehr für Sie tun*. Mir wurde schwarz vor Augen und ich bekam Atemnot, ohne zu wissen, ob es sich um einen Asthmaanfall handelte oder um einen Seidenschal, mit dem meine Entführer mir die Luft abschnürten. Vielleicht war es auch Giftgas, das meine Befreier in die Höhle pumpten, um die Bewacher außer Gefecht zu setzen. Dass ich bei dem Rettungsversuch ums Leben kam, war bedauerlich, aber nicht vermeidbar – *Kollateralschaden* war der Fachausdruck dafür.

10

»Hinter dieser Mauer liegt die Kaderschmiede der Taliban«, sagte Halef auf Deutsch und zeigte auf das Minarett einer Moschee, während ein Hirte im wehenden Burnus eine Schafherde über die Straße trieb: Proviant für weiß gekleidete Koranschüler, die im Hof zum Frühsport antraten – vielleicht war es auch vormilitärisches Training, unter Aufsicht eines grimmig dreinblickenden Milizionärs, der uns das Fotografieren verbot. Ich weiß nicht mehr, ob Halef das Wort *Kaderschmiede* benutzte; vielleicht sagte er *Keimzelle*, denn in dieser Medressa hatte die Talibanbewegung begonnen – *Talib* heißt Schüler auf Arabisch – und zuerst die Stammesgebiete, dann die afghanische Hauptstadt erobert – mit russischen Kalaschnikows und amerikanischen Stinger-Raketen, für deren Rückkauf die CIA den Mudschahedin sechsstellige Summen bot. Wirkungsvoller als militärische Hardware waren die geistigen Waffen des Dschihad, dessen mit Fanatismus gepaarte Intoleranz von den Wahabiten Saudi-Arabiens stammte, Washingtons wichtigstem Verbündeten in Nahost.

Wir waren – fast hätte ich gesagt: wir standen dreißig Kilometer vor Peshawar, die Sonne durchstach den Nebel und überwölbte den Nieselregen mit einem Arc-de-triomphe, durch den wie Spielzeugautos fauchende und blinkende Lastwagen donnerten, während Ziegen das spärliche Grün vom Straßenrand knabberten und Wasserbüffel Furchen zogen über ein nasses Feld. Die Koranschüler waren käsebleich; einigen wuchs der erste Flaum ums Kinn, doch die meisten waren nicht älter als zehn oder zwölf – zu jung, um gegen die Ungläubigen zu kämpfen, aber alt genug, um im heiligen Krieg zu sterben. Ich wollte einen von ihnen interviewen, aber als Halef den mongoloid wirkenden Jungen fragte, wie alt er sei, trat ein Moscheediener mit besticktem Käppi ans Gittertor, gefolgt von einem graubärtigen Mullah, und erklärte in gebrochenem Englisch, nicht nur Fotografieren und Filmen, auch Tonaufnahmen seien verboten. »Dies ist ein heiliger Ort, Dar-ulum-ulum Haqania, Haus des Wissens genannt«, setzte der Mullah in klassischem Arabisch hinzu. »Wenn Sie eine Besuchserlaubnis beantragen wollen, wenden Sie sich an unseren Vorbeter Fazal Ur Rehman. Leider ist er heute nicht hier, er ist in Peshawar!«

11

»In Pakistan herrscht Linksverkehr, und die letzte funktionierende Institution ist die Armee«, sagte Halef, während unser Wagen im Schritttempo auf einen von Soldaten bewachten Checkpoint zurollte und unter einem Transparent mit dem Slogan WELCOME TO THE HOME OF THE BLUE BERETS zum Stillstand kam. Nach kurzer Kontrolle winkte der Posten uns durch, wir schlugen einen Bogen um die Kaserne und fuhren auf einem von Platanen gesäumten Boulevard in Peshawar ein. Vor uns lag eine Verkehrsinsel mit einem martialischen Denkmal, das aus einer auf Hochglanz polierten Rakete, einem zerbeulten Panzer und einem verrosteten U-Boot bestand, daneben ein Wegweiser, der die Entfernung zum Khyber-Pass mit dreißig Kilometern angab. »Die Leute räumen ihre Konten leer«, sagte Halef und zeigte auf eine Warteschlange von Passanten, die, hustend und fluchend im Smog der Autoabgase, vor einer Filiale der Staatsbank anstanden. »Sie glauben, es gibt Krieg, aber der Wechselkurs ist schlecht, und die Banken zahlen keine Dollars, nur einheimische Währung aus.«

Klapprige Busse und keuchende Lastwagen, in ölige Rauchwolken gehüllt, altersschwache Taxis und wild hupende Polizeiautos, dazwischen ein mit Soldaten besetzter Jeep, Pferdegespanne, Ochsen- und Eselskarren, fuchtelnde Arme, Gelächter und Flüche, Peitschenknallen und Pfiffe auf der Trillerpfeife, gefolgt von einer Explosion, von der man nicht wusste, ob es sich um eine Fehlzündung handelte oder einen scharfen Schuss.

Wir waren auf dem Weg zur Moschee, als uns aus den verwinkelten Gassen des Basars ein Protestzug entgegenkam, der hauptsächlich aus Journalisten bestand, geschart um ein kleines Häuflein Demonstranten, die Pappschilder mit der Aufschrift OSAMA OUR HERO – BUSH DEAD FOREVER! in Händen hielten. Der in Pakistan beliebte Spruch RENT YOUR OWN CROWD fiel mir ein: keine Übertreibung bei der aufgeputschten Stimmung hier, wo jeder Slumbewohner für ein paar Dollars bereit war, für oder gegen die Regierung auf die Straße zu gehen. Politische Konflikte wurden mit Geld und Waffen ausgetragen, und der Basar glich einem Pulverfass, das jederzeit explodieren konnte.

Flirrende Hitze, Staub, Schweiß. Ich bin eingekeilt inmitten sich heiser brüllender Demonstranten, die auf einem Sternenbanner herumtrampeln und eine Strohpuppe von Uncle Sam verbrennen – oder ist es George W. Bush? Auf der Laderampe eines Lastwagens steht Maulana Sami Ul Haq, rechte Hand des Talibanchefs Mullah Omar und Vorsitzender der radikalreligiösen Partei, der kürzlich in Kabul war, um im Konflikt mit Washington zu vermitteln. Der Extremistenführer trägt einen schwarzen Turban und eine hellgraue Weste, kontrastierend zu seinem mit Henna gefärbten Bart, und der Blick der von langen Wimpern beschatteten Augen fällt auf mich. Ich reiche ihm meine Visitenkarte und bitte ihn um ein kurzes Gespräch, er gibt seinem Leibwächter einen Wink, und der Gorilla hievt mich auf die Ladefläche des Lkw, wo Sami Ul Haq sich an einem defekten Mikrofon zu schaffen macht. Ich zücke mein Notizbuch und will wissen, wofür oder wogegen die Menschenmenge demonstriert: Geht es um Frieden oder Krieg, Amerika oder Afghanistan?

»Dschihad gegen die Ungläubigen«, murmelt der Geistliche: »Und Dschihad gegen falsche Moslems wie Musharraf, der sich und sein Volk an die USA verkauft. Auch Pakistan kriegt bald ein Taliban-Regime!«

»Top of lorry dangerous place«, ruft Halef mir zu, zerrt mich vom Lastwagen herunter und dirigiert mich durch das Menschengewühl zur angrenzenden Moschee, wo Fazal Ur Rehman uns zum Tee erwartet. Von draußen dringen die Geräusche des Basars herein, Gelächter und Kindergeschrei, übertönt vom Ruf eines Wasserverkäufers, während der Vorsteher und Vorbeter von Akora Khatak, der Kaderschmiede der Taliban, mir seine Sicht der Dinge erläutert, in sanftem Singsang, als summe er ein Wiegenlied. »Wir Moslems sind friedliebend«, sagt Fazal Ur Rehman auf Arabisch und fügt in Englisch hinzu:

»Selbstmord ist eine Todsünde, und deshalb scheidet Osama bin Laden als Täter aus. Falls er doch hinter den Anschlägen steckt, wird er nach dem Gesetz der Scharia bestraft. Amerika sollte Frieden schließen mit den Taliban – stattdessen droht George W. Bush uns mit Krieg!«

»Und was ist die Lösung der Krise?«

Der Vordenker der ultrareligiösen Partei streicht mit sorgfältig manikürten Fingernägeln über seinen gepflegten Bart. »Alle Ungläubigen müssen sich dem Islam unterwerfen.«

12

Ich fühlte mich müde und zerschlagen, *tatenarm und gedankenvoll*, wie Hölderlin schrieb. Was für ein Versmaß war das – Jamben, Daktylen oder Trochäen? Diese Frage hätte ich nur beantworten können mit der *Kleinen deutschen Versschule* in der Hand, und die war schwer aufzutreiben im Niemandsland zwischen Pakistan und Afghanistan. Bei diesem unausgegorenen Gedanken zog ich mir das Kissen über den Kopf, doch der Satz *I forgot to remember to forget* hinderte mich am Einschlafen und hielt mich wach. War dies das verabredete Losungswort, und wenn ja, wofür? Handelte es sich um einen Song von Elvis Presley oder um einen in einem Glückskeks verborgenen Scherz? Oder um ein zenbuddhistisches Rätsel, das den Betrachter auf sich selbst zurückwarf und mit der Nase auf etwas stieß, das ihm so nah vor Augen stand, dass er es geflissentlich übersehen hatte?

Zehn Minuten später stieg ich aus dem Taxi in einem Hinterhof, der nach Urin und Sperma roch – vielleicht war es auch Rattengift. Das Haus war unbeleuchtet – der Strom schien ausgefallen zu sein –, und aus hoch gelegenen Fenstern drang das Gezänk eines streitenden Ehepaars, eine keifende Frauenstimme, der eine Männerstimme antwortete.

Ein Schrei, ein Schlag, dann herrschte Stille, vom Zirpen der Zikaden verstärkt, das, von einem unsichtbaren Taktstock dirigiert, ein- und wieder aussetzte. Halef wies mir mit der Taschenlampe den Weg zu einer Wohnung im dritten oder vierten Stock – ich habe die Treppen nicht gezählt. Er stellte sich als Wächter vor die Tür, während ich die Klinke herunterdrückte und mich durch den Korridor tastete, aus dem das Scharren von Mäusen oder das Huschen von Kakerlaken drang. Nein, es war das Knistern von Stoff, und als ich ein Streichholz anstrich, sah ich ein zehn- oder zwölfjähriges Mädchen, das wie eine Unberührbare aussah, ein Mitglied der untersten Kaste, *Outcasts* oder *Dalits* genannt. Die Kleine war grell geschminkt und lockte mich, tänzelnd wie eine Libelle, immer tiefer in den Korridor. Das Rascheln von Stoff war zu hören, gefolgt von Kichern, und ich spürte, wie die Elfe sich am Reißverschluss meiner Hose zu schaffen machte. Ich weiß nicht, wie mir und was dann geschah, *Blackout* ist das richtige Wort dafür, doch als das Licht wieder anging – im Hof sprang ein Notaggregat an –, befand ich mich in einer kompromittierenden Situation. Was soll ich sagen? Ich hatte eine Minderjährige missbraucht – schlimmer noch: Ich hatte sie ermordet, vor den Augen ihrer Mutter, die mit dem Küchenmesser auf mich losging, während ich, um das Geschrei zu ersticken, ihr die Kehle zudrückte und, über die Leiche des Kindes hinweg, das mit verdrehten Augen am Boden lag, zum Ausgang hastete, wo Halef mich mit den Worten »Wo warst du, Sahib?« in ein mit laufendem Motor wartendes Taxi stieß.

Diese aus der Kolonialzeit stammende Anrede hatte Halef noch nie benutzt, und passend dazu zog er mit strahlendem Siegerlächeln unter dem Beifahrersitz eine Sechserpackung Beck's Bier hervor, das er im Hinterzimmer einer Bar gekauft hatte, um unseren gemeinsamen Erfolg zu feiern, wie er großspurig verkündete.

13

In Peshawar sind die Nächte schwärzer als anderswo, und ich weiß bis heute nicht, ob ich wirklich einen Mord begangen habe – oder war es ein Doppelmord? Nur das Bier war real – und die Schnittwunde am Kinn, wo ich einen Messerstich abgewehrt oder mich beim Rasieren verletzt hatte. Letzteres war unwahrscheinlich, denn ich sah aus wie ein Koranschüler mit Dreitagebart, als wir uns auf den Weg machten in die für Ausländer gesperrten *tribal areas* – selbst Einheimische brauchten eine Sondererlaubnis zum Betreten der Grenzregion.

Jemand hatte eine Botschaft für mich abgegeben: Diesmal war es kein in einem Glückskeks steckender Papierstreifen, kein zen-buddhistisches Rätsel und auch kein fader Witz, sondern die wie ein Befehl klingende Aufforderung, mich auf schnellstem Weg nach Dera zu begeben – dort würde ich weitere Instruktionen erhalten. Dera war die Waffenschmiede der Taliban, wörtlich und nicht im übertragenen Sinn, und lag im Zentrum der Stammesgebiete, deren Besuch Mrs. Moneypenny mir strikt verboten hatte.

ARBEITE, ALS WÜRDEST DU EWIG LEBEN, UND HANDLE STETS SO, ALS MÜSSTEST DU MORGEN STERBEN stand auf einem quer über die Straße gespannten Transparent am Stadtausgang. Der Posten winkte uns durch, ohne uns zu kontrollieren, und wir fuhren einen mit Seerosen bewachsenen Kanal entlang, in dem sich Wasserbüffel suhlten. Der nächste Checkpoint markierte den Zugang zu den *tribal areas* und wurde von vermummten Jugendlichen bewacht, die aussahen wie Straßenkämpfer in Kreuzberg am 1. Mai – nur die grünen Fahnen passten nicht dazu. Sie forderten uns zum Anhalten auf und baten um Geld für den Bau einer Koranschule. Bitten ist nicht das richtige Wort, denn wer nicht tief genug in die Tasche griff, dem verwehrten sie die Weiterfahrt.

Die asphaltierte Straße wurde zur holprigen Schotterpiste, und das fruchtbare Tal ging in karge Hügel über, durch die sich ein mit Schlaglöchern übersäter Weg in Serpentinen bergauf schlängelte. Der Autoverkehr wurde spärlicher, statt Lastwagen kamen uns Pferdefuhrwerke entgegen. Auf Steilhängen grasten Ziegen, bewacht von rotznasigen Kindern, die schreiend hinter uns her liefen und mit den Armen fuchtelten, als verspotteten oder verfluchten sie uns; wahrscheinlich suchten sie eine Mitfahrgelegenheit.

»Das Einzige, was unsere Jugend lernt, ist der Umgang mit Waffen«, erklärte Nazeem Gul von der *tribal police*, der mich auf dem Dorfplatz erwartete. Er hatte zwei Frauen und drei Kinder, und sein Gehalt von 3 000 Rupien reichte nicht, um die Familie zu ernähren. Seine erste Frau war bei einem

Autounfall umgekommen, die kleine Tochter war lungenkrank, und er selbst hatte Magenbeschwerden: Kein Wunder bei seinem Job, der darin bestand, zwei verfeindete Bergstämme – die Khatak und die Afridi – davon abzuhalten, ihren Streit mit Granatwerfern auszutragen. »Hier in Dera ist jeder bewaffnet. Das Leben beginnt mit Freudenschüssen, wenn ein Sohn geboren wird, und es endet mit Salutschüssen beim Begräbnis.« Wie zur Bestätigung war ein scharfer Knall zu hören, als habe jemand dicht an meiner Schläfe eine Pistole abgedrückt – hinterher war ich minutenlang auf einem Ohr taub. »Keine Sorge«, fügte Nazeem Gul nach einer Pause hinzu, in der weitere Detonationen erfolgten: »Das sind Schüsse in die Luft, als Auftakt zu einer Familienfeier, einer Hochzeit oder einem Geburtstag.«

Während des Gesprächs hatte der Dorfälteste sich zu uns gesellt. »Wir Paschtunen sind ein friedliebendes Volk«, sagte der Patriarch mit silbernem Rauschebart, der sieben Pilgerreisen nach Mekka unternommen hatte. »Die Deutschen sind unsere Waffenbrüder«, fuhr er fort, während er mich durch den Basar geleitete, in dem ein komplettes Militärarsenal feilgeboten wurde – ohne lästige Fragen nach Waffenschein oder Exportlizenz: vom Bowie-Messer und Wehrmachtsdolch bis zum Säbel und Bajonett und weiter von der Beretta und Makarow-Pistole bis zur Kalaschnikow, die mitsamt Munition für unter hundert Dollar zu haben war. Es genügte, ein Exemplar mitzubringen, und in kürzester Zeit bauten die Waffenschmiede jedes Gewehr nach – bis hin zu schweren MGs: ein Anblick, der das Herz des Waffennarren höherschlagen ließ, der in jedem Manne steckt.

»Ihr Deutschen seid unsere Brüder«, wiederholte Hadschi Khartia Hussein – so hieß der Stammesfürst – und legte seine extremistischen Anschauungen dar, die er für vollkommen selbstverständlich hielt: »Es ist gut, dass Deutschland einen Sendboten zu uns schickt, denn ihr seid Arier wie wir, und euer Führer hat sechs Millionen Zionisten umgebracht. Zur Vergeltung haben Mossad-Agenten das World Trade Center in die Luft gesprengt, und wir haben Amerika den heiligen Krieg erklärt!«

Wie zur Untermalung seiner Worte explodierte im Garten hinter dem Haus eine Granate, vielleicht war es auch eine selbst gebastelte Bombe, deren Druckwelle die Seiten meines Ringbuchs umblätterte.

14

»Manchmal ist derjenige, den man sucht, nur wenige Meter entfernt, aber man sieht ihn nicht«, verkündete der Dorfpolizist, während eine verschleierte Frau mir Tee einschenkte. Ich habe vergessen, ob es schwarzer oder grüner Tee war, weiß nur noch, dass die Frau eine Burka trug, die keine Rückschlüsse darauf zuließ, ob sie jung oder alt, hübsch oder hässlich war – sogar die Sehschlitze waren vergittert.

»Wie meinen Sie das?«

»Jemand hat eine Nachricht für Sie hinterlassen. Der Room Service des Maharadscha Motel fragt an, ob Ihre Bluejeans mit dreißig, sechzig oder neunzig Grad gewaschen werden sollen.«

»Ich trage keine Bluejeans und habe nie dort logiert.«

Wir saßen in einer Teestube, umgeben von bärtigen Kettenrauchern, die mit Camel-Zigaretten ohne Filter die Luft verpesteten, sodass ich kaum eine Handbreit vor Augen sah. »Mir brauchen Sie nichts vorzumachen«, sagte der Polizist, während um uns herum das Gespräch erstarb. »Ich weiß, worum es geht.«

In nächster Nähe fiel ein Schuss, gefolgt von einer MP-Salve, deren Rattern die Stille im Raum noch unnatürlicher erscheinen ließ. Nazeem Gul schob meine Teetasse zur Seite und beugte sich vertraulich vor: »Verstehen Sie mich«, zischelte er so leise, dass sein Geflüster wie eine fallende Stecknadel den Geräuschpegel des Lokals durchdrang. Die Kellnerin blieb stehen und lauschte hinter den Sehschlitzen ihrer Burka, in Pakistan Dschala genannt, mit schräg geneigtem Kopf. »Wir sind bereit, Ihren Freund freizulassen, tot oder lebendig – je nachdem. Der Preis ist Verhandlungssache.«

»Ich habe die Geheimnistuerei satt«, rief ich, mehr der Kellnerin als dem Polizisten zugewandt, so laut, dass alle es hören konnten. »Sagen Sie Ihren Freunden, dass ich für Kapruners Leben keinen Cent gebe. Ich habe ihn nie gemocht, ich verabscheue Kapruner, und ich würde dafür bezahlen, ihn elend verrecken und spurlos verschwinden zu lassen – mit oder ohne Kopf!« Die Kellnerin verschwand in der Küche, Nazeem Gul stand auf und umarmte mich, und die Gäste hielten sich die Bäuche vor Lachen.

15

Auf der Rückfahrt nach Peshawar klingelte Hadschis Mobiltelefon, das heißt, es klingelte nicht, sondern es vibrierte minutenlang in seiner Hosentasche. Mir war schleierhaft, wie die Zentrale Halefs Nummer herausgefunden hatte, aber kein Zweifel, der Anruf war für mich bestimmt, Mrs. Moneypenny war am Apparat.

»Wo treiben Sie sich herum, 007?«, sagte sie mit einer Stimme, die noch nörgelnder klang als sonst. »Wir machen uns Sorgen um Sie!«

»Ich bin auf der Rückfahrt nach Peshawar«, murmelte ich wie ein beim Mogeln ertappter ABC-Schütze.

»Habe ich Ihnen nicht ausdrücklich verboten, das Sperrgebiet zu betreten?«

Das Gespräch stockte, und das Hintergrundrauschen des Weltalls war zu hören – vielleicht war es auch ein Schneesturm im Himalaya oder das Brausen des Indischen Ozeans, durch den das Unterseekabel verlief. »Die Zahl der Wellen im Pazifik ist immer eine Primzahl«, warf ich, um das Schweigen zu durchbrechen, ein. Dieser Satz hatte etwas Tröstliches, weil er nicht zu beweisen, aber auch nicht zu widerlegen war. »Wir haben ein Lebenszeichen von Dr. Kapruner«, sagte Mrs. Moneypenny in geschäftsmäßigem Ton, ohne sich auf die philosophische Debatte einzulassen. »Er hat sich zurückgemeldet bei der Redaktion. Es geht ihm gut.« – »Und wo, in Teufels Namen, hat er die ganze Zeit über gesteckt?«

»In Quetta. Er hatte den Geheimtipp bekommen, dass Osama bin Laden sich dort versteckt. Aber das Exklusivinterview kam nicht zustande. Dr. Kapruner hofft, dass Sie seinetwegen keinen Ärger hatten, und möchte Sie einladen zu einem Drink in der Sky View Bar.«

DRITTE NACHT: HOTEL FÜR NATIONALE MINDERHEITEN, BEIJING, CHINA

»Dämmrung senkte sich von oben /
schon ist alle Nähe fern ...«
(Goethe: *Chinesisch-deutsche Jahres- und Tageszeiten*)

1

Stellen Sie sich vor, lieber Leser, es wäre ein Uhr früh, und Sie wären soeben in Beijing gelandet, ohne Chinesisch zu können und ohne zu wissen, wer oder was Sie dorthin verschlagen hat. So ähnlich erging es mir, dem Literaturkritiker Dieter Schlemihl, und meinem Freund, dem Erfolgsautor Konrad Buschmüller, nachdem wir, umlagert von heftig schwitzenden, laut schwatzenden Chinesen in Pelzmützen und Parteiuniformen, die Mikrowellenherde, Kühlschränke und Fernseher auf den Schultern trugen, übernächtigt vom zwölfstündigen Flug von Frankfurt über Zürich nach Qatar, wo wir vergeblich Whisky zu kaufen versuchten, und weiter in 15 000 Metern Höhe über den Himalaya, wo wir den Kampf um Ellbogenfreiheit aufgaben und die Armlehnen unseren Zoll um Zoll näher rückenden Sitznachbarn überließen, in Beijing gelandet waren. Der Flughafen der chinesischen Hauptstadt ähnelte zu dieser nachtschlafenden Zeit einem hunnischen Heerlager: Kameltreiber aus der Wüste Gobi schnarchten um die Wette mit Schafhirten aus der Inneren oder Äußeren Mongolei, ein buddhistischer Mönch aus Tibet hatte es sich neben einem Moslem aus Sinkiang bequem gemacht, der auf seinem zusammengerollten Gebetsteppich schlief (das Thema Teppiche wird uns später noch beschäftigen), und niemand – weder die hinter dicken Brillengläsern blinzelnde Beamtin, die einen Einreisestempel in meinen Pass drückte, noch der Soldat der chinesischen Volksbefreiungsarmee, den ich auf Russisch anredete – schien irgendeine mir bekannte Sprache zu sprechen. Der Soldat zuckte mit den Schultern, aber ich war mir nicht sicher, ob diese Geste im Reich der Mitte dasselbe bedeutete wie bei uns – da sah ich, durch die getönte Glasscheibe hindurch, den silbern blitzenden Stern einer Mercedes-Limousine, der mir wie der Stern von Bethlehem eine frohe Botschaft verkündete. Ich gab Buschmüller ein Zeichen, und bevor der Chauffeur den Wagenschlag schließen konnte, hatten wir uns auf den Rücksitz gezwängt, neben einen Herrn mit Nickelbrille, der in der Annahme, wir seien die Räuber vom Liang-Schan-Moor, seinen Managerkoffer mit beiden Armen fest umschlang. Das Missverständnis war schnell aufgeklärt, und eine Stunde später betraten wir die Halle des Hotels für nationale Minderheiten, an dessen Bar die trinkfeste Hella Jakobs, das einzige weibliche Mitglied unserer Delegation, zusammen mit einem Dolmetscher namens Wu-wei seit Stunden auf uns wartete; der Vierte im Bunde, der Bielefelder Philosoph Arno Henkel, schlief bereits.

Das Kompositum Wu-wei (mit aufsteigendem Akzent auf der ersten und abfallendem auf der zweiten Silbe) bedeutet Nichtstun oder Gewährenlassen, doch unser Dolmetscher hielt sich nicht daran. Den Spruch des Laotse: *Wer nichts tut, erreicht alles*, hatte er ins Gegenteil verkehrt und das im Verlag für fremdsprachige Literatur erschienene chinesisch-deutsche Wörterbuch von der ersten bis zur letzten Seite auswendig gelernt. Sein Deutsch war abominabel, denn obwohl er alle dort verzeichneten Vokabeln, von Aalräucherei bis Zylinderstift, wie ein Automat herunterrasseln konnte, brachte er keinen verständlichen Satz hervor – der Sinn dessen, was er sagen wollte, blieb sein persönliches Geheimnis, weil er nur die Wörter studiert hatte, nicht aber deren Gebrauch. Trotzdem machte Wu-wei uns mit Hellas Hilfe klar, dass das Hotel, in dem wir logierten, Mitte der fünfziger Jahre in Zwangsarbeit erbaut worden war von chinesischen Schriftstellern, die den Aufruf der Partei, *Lasst hundert Blumen blühen und hundert Denkschulen miteinander wetteifern*, allzu wörtlich genommen hatten; vielleicht hieß es deshalb Hotel für nationale Minderheiten, chinesisch *minzu*, ein hübscher Name für das kleine Völkchen der Literaten. Beim morgigen Empfang des Schriftstellerverbands würden einige der Autoren, die als Mitglieder einer Arbeitsbrigade Mörtel angerührt und Sand geschippt hatten, unsere Gastgeber sein. Die neue Regierung hatte die schwarzen Schafe reumütig rehabilitiert und die Romane und Gedichte, für die sie zu Zwangsarbeit oder Verbannung verurteilt worden waren, mit dreißigjähriger Verspätung gedruckt.

Die Große Proletarische Kulturrevolution gehörte ebenso der Vergangenheit an wie der Große Sprung nach vorn, und statt des Kampfes gegen die Viererbande hatte die Partei die Losung der vier Modernisierungen ausgegeben: Modernisierung der Wirtschaft, der Wissenschaft, der Armee und der Kultur – in dieser Reihenfolge. Nur die Modernisierung des politischen Systems stand noch aus, aber es sei nur noch eine Frage der Zeit, behauptete Buschmüller, bis der frische Wind der Reform unfähige Funktionäre aus den Ämtern fegen und die überalterte Parteiführung ihre eigene Abdankung beschließen würde. So endete unser Gespräch, während draußen ein kalter Morgen dämmerte, in dessen von Kohlenstaub gefiltertem, trübem Licht Millionen Radfahrer mit Mullbinden vor den Gesichtern zur Arbeit aufbrachen. Der Dolmetscher war längst zu Bett gegangen, und der Barmann räumte gähnend die Gläser weg und trug das Frühstücksgeschirr auf, als wir uns endlich auf unsere Zimmer verfügten.

2

»Die Chinesen nummerieren alles«, brummte der Kulturphilosoph aus Bielefeld und stützte sich schwer atmend auf die Tischplatte, nachdem er einen weiteren Maotai-Schnaps heruntergekippt und mit Lao-Shan-Mineralwasser nachgespült hatte – ich selbst trank dünnen Jasmintee, während Buschmüller sich ein nach deutschem Reinheitsgebot gebrautes Tsingtao-Bier genehmigte. Wir saßen in der Bar des Hotels für nationale Minderheiten und rekapitulierten zu dritt, während Hella Jakobs im Hotelbett ihren Rausch ausschlief, die Gespräche, die wir von frühmorgens bis spätabends mit unseren Schriftstellerkollegen geführt hatten. Abgesehen davon, dass wir uns ihre Namen nicht merken konnten, wussten wir nicht, ob es sich um Verbandsfunktionäre oder Literaten handelte – eine Unterscheidung, die hierzulande nicht galt. Unsere Gesprächspartner trugen Mäntel und Hüte, während wir ihnen in Ledersesseln an einem runden Konferenztisch gegenübersaßen; es war bitterkalt, aber der Clubraum des Schriftstellerverbands blieb ungeheizt. Um gegen die kapitalistische Konkurrenz zu bestehen, musste nicht nur die Arbeiterklasse, sondern auch die Intelligenz auf lieb gewordene Privilegien verzichten, und in Beijing war Energiesparen angesagt. Die einzige Wärmequelle war grüner Tee, der ständig nachgeschenkt wurde, sowie der süßliche Rauch chinesischer Zigaretten, der wie aus den Schloten eines Kohlekraftwerks aus Mündern und Nasenlöchern unserer Gesprächspartner quoll. Durch den nikotinhaltigen Nebel, der die chinesischen Freunde unseren Blicken entzog, blinkte das dünne Eis eines schon von den Dichtern der Ming-Dynastie besungenen Sees, auf dem sich schnatternde Enten tummelten, die zu zäh waren, um zu Pekingenten verarbeitet zu werden, wie die Gastgeber uns mit drastischen Gesten verdeutlichten. Das Problem war nicht die Kälte, gegen die ich mich mit Schal und Pullover schützte, sondern die chinesische Sprache, die ein Buch mit sieben Siegeln für mich blieb, obwohl oder weil jeder Satz, den unsere Gesprächspartner von sich gaben, Wort für Wort auf Deutsch übertragen wurde.

Was zum Beispiel war von folgender Mitteilung zu halten: »Sie stellte dar, wie junge Menschen sich um die Liebe bemühen, sie befasste sich mit Hochwasser und schrieb über Kunstgestalten im Leben. Ihr bestes Buch heißt *Die kleine Tante im Obstgarten*. Es enthält Tatsachen und heiße Gefühle. Nur jemand, der mitten im Leben steht, kann solch ein wertvolles Werk verfassen. Die Heldin des Romans geht in die Produktion und wird Direktorin einer Kugellagerfabrik.«?

War das nun sprachlicher Galimathias oder authentischer Ausdruck einer fremden Kultur? »Alles Unsinn«, ereiferte sich der Philosoph und schlug mit der Faust auf den Tisch, nachdem er sich einen weiteren Maotai-Schnaps hinter die Binde gegossen hatte. »Die Chinesen sind Zahlenmystiker, sie nummerieren alles. Denken Sie nur an die Bewegung der fünffachen Anständigkeit, der vierfachen Schönheit und dreifachen Liebe – zum Vaterland, zur kommunistischen Partei und zum Staat. Nach Maos Tod hat der neue Vorsitzende Deng Xiaoping die Liste der neun Feinde aus der Kulturrevolution – Großgrundbesitzer, Großbauern, Konterrevolutionäre, schlechte Elemente, rechte Elemente, Agenten ausländischer Mächte, Renegaten, Machthaber, die den kapitalistischen Weg gehen, und stinkende Intellektuelle – auf fünf reduziert, von denen zwei Haupt- und drei Nebenfeinde sind. Übrigens heißt Xiaoping auf Deutsch kleine Flasche. Ich weiß, wovon ich spreche, denn ich war schon einmal in China, zur Zeit der Wunden- und Narbenliteratur, welche die von der Kulturrevolution geschlagenen Wunden heilen sollte. Damals waren westliche Werte noch verpönt. Jetzt wird alles, was aus dem Westen kommt, als Offenbarung aufgenommen.«

»Dong fang hong – der Osten ist rot!«, schrie Buschmüller, der keine Gelegenheit ausließ, die zwei oder drei Parolen an den Mann zu bringen, die er als maoistischer Student auswendig gelernt hatte, ohne zu begreifen, welche Zumutung das für unsere Gastgeber bedeutete: Einmal, weil sie ihn nicht verstanden – um chinesische Vokabeln korrekt auszusprechen, brauchte man ein absolutes Gehör, und Buschmüller war nicht nur unmusikalisch, sondern schwerhörig obendrein. Noch dazu handelte es sich um Slogans aus der Kulturrevolution, die bei den Betroffenen schmerzhafte Erinnerungen wachriefen – so als würde eine Delegation des Bonner Bundestags bei ihrer Ankunft in Beijing mit dem Horst-Wessel-Lied begrüßt.

»Ganbei!« Buschmüller bestellte eine Runde Tsingtao-Bier und hob sein Glas, um auf die Gesundheit des verstorbenen Vorsitzenden anzustoßen. Der Dolmetscher wurde blass unter seiner olivgrünen Haut. Obwohl Mao Zedong – so die neue Schreibweise – auf dem Platz des Himmlischen Friedens unter einem Glassturz aufgebahrt lag, war der Name des Großen Steuermanns noch immer ein Sakrileg, und wer mit dem toten Mao seine Späße trieb, riskierte zwar nicht sein Leben, aber doch seinen Job. Zum Glück trat in diesem Augenblick Hella Jakobs auf den Plan, deren Erscheinen dem Gespräch eine neue Wendung gab. Der Kulturhilosoph winkte den Kellner heran, und trotz meines Protests wurden die Gläser mit Schnaps nachgefüllt, in dem als Symbol der Langlebigkeit eine tote Eidechse schwamm – kein Maotai, von dem eine Flasche das Monatsgehalt eines Universitätsprofessors kostete, sondern eine Spezialität aus dem autonomen Gebiet einer nationalen Minderheit.

»Von wegen Langlebigkeit«, seufzte Buschmüller. »In den letzten zweitausend Jahren, von der Han- bis zur Qing-Dynastie, sind alle chinesischen Kaiser jung gestorben, obwohl ihre Thronsessel und Sänften, Spucknäpfe und Nachttöpfe, Goldkronen und Seidenpantoffeln mit Zeichen für Langlebigkeit bemalt oder bestickt waren.« – »Shuangxi«, rief Wu-wei dazwischen, dem die Spirituose die Zunge gelockert hatte: »Das heißt Doppelglück auf chinesisch!« Und er notierte ein Schriftzeichen, das, wie er umständlich darlegte, auf als Hochzeitsgeschenk beliebten Teetassen, Schalen und Schüsseln abgebildet war und an zwei im Flug sich paarende Libellen erinnerte. »Für mich bedeutet Doppelglück zwei frische Eier zum Frühstück«, gab der Philosoph aus Bielefeld zu Protokoll. »Ich meine zweieinhalb Minuten lang gekochte, nicht zehntausend Jahre alte Eier, die hierzulande als Delikatesse gelten. Das chinesische Frühstück ist eine innerasiatische Angelegenheit, in die ich mich nicht einmische, weil die Bipolarität von Frühstück und Abendessen im Reich der Mitte nicht existiert.« – »Und was verstehen *Sie* unter Doppelglück?« – »Zwei Frauen im Bett«, hörte ich mich sagen und bereute es im gleichen Augenblick. »Genau genommen ist das dreifaches Glück«, sagte Wu-wei. »Deguo zhongguo youi wan sui«, lallte Buschmüller: »Die deutsch-chinesische Freundschaft lebe hoch!« Der Rest des Gesprächs ging in dröhnendem Gelächter unter.

3

Am nächsten Morgen besichtigten wir die Paläste der Verbotenen Stadt und die von Elitesoldaten bewachte Mumie des Vorsitzenden Mao, der wie Dornröschen in seinem Glassarg aufgebahrt lag und, um den Verfall der Leiche aufzuhalten, doppelt einbalsamiert worden war, wie Wu-wei hinter vorgehaltener Hand wisperte: Ein Fall von Doppelglück – sogar die Warze am Kinn des Großen Steuermanns hatte man liebevoll restauriert. Der tote Mao hatte die höchste Stufe des Nirwana erreicht und sah rosig wie ein neugeborener Säugling aus, dessen Penis ständig erigiert ist, obwohl er noch mit keiner Frau geschlafen hat, und dessen Stimme nie heiser wird, obwohl er den ganzen Tag über schreit, wie Laotse im *Tao Te King* schreibt.

Vom Platz des Himmlischen Friedens fuhren wir zu den Ming-Gräbern außerhalb der Stadt und setzten unser vorübergehend unterbrochenes Gelage in einem Spezialitätenrestaurant an der Großen Mauer fort. »Es gibt dort Entengerichte«, versprach Wu-wei, »aber auch Hühnergerichte und Schweinegerichte«, was Buschmüller zu der rhetorischen Frage veranlasste, ob die Große Mauer eine Richtstätte sei, an der zum Tode verurteilte Enten, Hühner und Schweine exekutiert würden, oder ob Enten, Hühner und Schweine dort über straffällig gewordene Chinesen zu Gericht säßen? Als ein Tablett mit Maotai-Schnaps aufgetragen wurde, stahl ich mich hinaus, um meinen grummelnden Darm zu entleeren. Das Wasserklosett entpuppte sich als Bodenrinne im Hof, über der Männlein und Weiblein mit Ballonmützen, wattierten Jacken und herabgelassenen Hosen wie Hühner auf der Stange hockten und sich angeregt unterhielten, während volkseigene Zigaretten von Hand zu Hand und von Mund zu Mund wanderten. Weil es keine Wasserspülung und kein Klopapier gab, verschob ich die Erledigung meines Geschäfts auf später und kehrte an den gedeckten Tisch zurück, wo Hella Jakobs einen Trinkspruch formulierte, der so viel Anklang fand, dass sie ihn immer wieder ausbrachte: »Ich stehe auf dem Dach der Welt und sehe den Himmel nicht!«

Nach dem Essen, vielleicht war es auch vorher – der Maotai hatte mein Zeitgefühl durcheinandergebracht –, besichtigten wir die Große Mauer, die zweitausend Jahre älter und zehntausend Kilometer länger war als ihr Berliner Gegenstück – sie wurde zur Abwehr der nördlichen Barbaren vom Gelben Kaiser erbaut – und sich im Zickzack, mit Windungen und Wendungen, durch Berge und Täler schlängelte, und weiter durch Wüsten und Steppen bis zum Chinesischen Meer. »Apropos Steppe«, dozierte der Philosoph, dem der Schnaps zu Kopf gestiegen war. »Hierzulande bekommt man erst ein Gefühl dafür, was eine Steppe ist, ein leerer Raum, der sich mit Inhalt füllt wie mein Taschentuch, das bei jedem Schneuzen der Nase schwärzer wird vom Sand aus der Wüste Gobi, der das Futter meiner Jacke durchdringt. Als ich aus dem Tor der Irdischen Harmonie auf den Platz des Himmlischen Friedens trat, hätte mich der Sandsturm beinahe aus dem Mantel gepustet und mit dem Seidenschal stranguliert, eine adäquate Todesart für einen ausländischen Teufel wie mich, finden Sie nicht?«

Am Nachmittag setzten wir unseren Meinungsaustausch mit den chinesischen Freunden fort, diesmal nicht im Gebäude des Schriftstellerverbands, sondern im Kohle-Institut, das, anders als sein Name versprach, gänzlich unbeheizt war: Als Öfen dienten mit heißem Tee gefüllte Thermoskannen, und der Austausch mit den Gesprächspartnern, die zum Schutz gegen die Kälte Pelzmützen und Pulswärmer trugen, war noch unergiebiger als beim letzten Mal.

»Ende der siebziger Jahre fanden tiefgreifende Veränderungen in den Seelen statt«, übersetzte Wu-wei, »und die Literatur wandelte sich grundlegend. Die Leser von damals sind erwachsen geworden. Sie schreiben Briefe und fordern Partei und Regierung auf, sich mehr um Frauen in mittleren Jahren zu kümmern. Es geht um die Darstellung umfangreicher Lebensbereiche, die Untersuchung verschiedenartiger Ausdrucksweisen und um die Wahrnehmung neuer Aufgaben im Bereich der Form.« Als Beispiel nannte er ein Buch mit dem Titel *Schwere Flügel*, in dem Heldinnen mit unterschiedlichen Charakteren auftraten: Fabrikarbeiterinnen, Sekretärinnen und Frauen mit Friseur.

»Vielleicht handelt es sich um Steinway-Flügel«, unkte Buschmüller, »und mit Friseur ist Chauffeur gemeint«, aber der Dolmetscher ließ sich nicht aus der Ruhe bringen. »Dieser Roman erfuhr eine große Erregung im Volke«, führte er aus, »ähnlich wie die Werke von Lao Zheng. Sein Vater war Professor an einer berühmten Fakultät. Er lebte von Diebstählen und wurde verprügelt wie ein räudiger Hund. Als seine Mutter ihn zur Rede stellte, biss er sie hasserfüllt in die Hand. Das gleiche Schicksal erlitt Ye Shiqiu.« – »Und wer war Ye Shiqiu?« – »Eine Herzblutkommunistin. Sie ist Gruppenleiterin der entlarvten und bekämpften Personen aus der Zeit der Kulturrevolution. Nach dem Sturz der Viererbande wurde sie vollständig rehabilitiert.«

Ich hatte es schon lange aufgegeben, in dem Parteichinesisch nach einem Sinn zu suchen, und war damit beschäftigt, die an den Wänden aufgereihten Spucknäpfe zu zählen, als die Herzblutkommunistin plötzlich eine Frage an mich richtete. »Halten Sie Ihre Bemühungen für wertvoll?«, dolmetschte Wu-wei, und nach Rücksprache mit der Gruppenleiterin der entlarvten und bekämpften Personen setzte er noch eins drauf: »Wann schaffen Sie Ihre unsterblichen Werke?«

»Diese Frage müssen Sie Frau Jakobs oder Herrn Buschmüller stellen«, murmelte ich bescheiden. »Ich bin nämlich kein Schriftsteller, sondern Kritiker von Beruf.«

»Ich arbeite nachmittags, manchmal aber auch abends oder am Vormittag«, ließ der Bielefelder Philosoph verlauten. »Ob meine Werke unsterblich sind, muss die Nachwelt entscheiden. Auf den Zeitgeist ist in dieser Hinsicht kein Verlass. Sie wissen, wovon ich rede, denn China schuf schon Weltliteratur, als unsere Vorfahren noch auf Bärenfellen lagen und Runen ritzten.« Ersteres war ein Seitenhieb gegen mich, Letzteres gegen den Genossen Buschmüller.

Durch das Lob ermuntert, trug die Herzblutkommunistin, die nach ihrer Rehabilitierung zur stellvertretenden Leiterin des Kohle-Instituts ernannt worden war, ein Gedicht vor, das, auf Deutsch übersetzt, so lautete: »Im obersten Raum der zweiten Klasse des dritten Jahrgangs der unteren Stufe der Mittelschule gab es eine Falltür mit Vorhängeschloss.«

Wir schauten uns ratlos an. War dies der Anfang einer Kurzgeschichte über die Kulturrevolution, ein politischer Tabubruch vielleicht, oder handelte es sich um konkrete Poesie? Die Antwort auf diese Frage werde ich nie erfahren, denn ich schaltete die Simultanübersetzung ab und war heilfroh, als die Tür des Zimmers 2101 im Hotel für nationale Minderheiten hinter mir zufiel – mit oder ohne Vorhängeschloss. Ich wollte duschen und anschließend sofort ins Bett, aber im Duschraum wuselten Kakerlaken und auf dem Bettlaken flitzten Silberfische herum, sodass ich mit dem Diwan Vorlieb nahm und mich, den Kopf gen Westen und die Füße nach Osten ausgestreckt, mit einem Gedicht von Goethe in den Schlaf wiegte: »Sag, was könnt uns Mandarinen / satt zu herrschen, müd zu dienen« – über diesen Vers bin ich nicht hinausgelangt.

4

Der Palast der südlichen Maultaschen lag nicht im Süden, sondern im Norden der chinesischen Hauptstadt, die ihrerseits nicht in der fruchtbaren Südprovinz liegt, wo die

Maultaschen auf Bäumen wachsen, sondern im Einzugsgebiet der Wüste Gobi, wo statt Reis nur Hirse gedeiht. Anders als der wohlklingende Name versprach, handelte es sich nicht um einen Palast, sondern um eine Hütte, die einer Badeanstalt oder Toilette glich, ein mit blauen Kacheln gefliestes Pissoir. Vor dem Bedürfnisbefriedigungskiosk standen grün uniformierte Soldaten Schlange, die mich einladend zu sich heranwinkten: Nicht um mit der Langnase um die Wette zu pinkeln, wie ich befürchtet hatte, sondern um mich eine kulinarische Spezialität probieren zu lassen, die es im kargen Nordchina nicht alle Tage gab - Maultaschen aus Sichuan, gefüllt mit wohlschmeckenden Spezereien aus der für ihre bourgeoise Dekadenz berüchtigten Südprovinz. Ich wurde umstandslos an die Spitze der Schlange befördert - stundenlanges Warten mache den Einheimischen nichts aus, hatte Arno Henkel großspurig erklärt, weil die sozialistische Wartegemeinschaft Ausdruck des noch nicht von westlichem Individualismus angekränkelten, kollektiven Lebens sei - und die Garköchin, die wie eine OP-Schwester Gummihandschuhe und eine Schutzmaske vor Mund und Nase trug, tauchte ihre Kelle in einen Eimer und klatschte *schwipp, schwapp* eine doppelte Portion Maultaschen in einen Blechnapf, den dessen Besitzer, ein Offizier mit roten Achselstücken, sauber ausschleckte und am Saum seines Militärmantels trocken wischte. Ich bestand darauf, meine Zeche zu bezahlen, aber das erledigten andere für mich - die Suppe kostete einen halben Jiao, keine fünf Pfennige -, und da ich immer noch zögerte, zog der hilfsbereite Offizier zwei Essstäbchen aus der Manteltasche und wirbelte mir trotz meiner Proteste Maultaschen in den

Mund, die, soweit sie nicht auf meinem Hemdkragen oder dem Kachelboden landeten, vorzüglich schmeckten und mir bestens bekommen sind: Der Palast der südlichen Maultaschen hatte seinem Namen Ehre gemacht.

Beim Stichwort *schwipp, schwapp* wurde Buschmüller hellhörig und gab eine Anekdote zum Besten, die er vor Jahren im Moskauer Kaufhaus GUM erlebt haben wollte: Das Souterrain, in dem sich die Toilette befand, sei überschwemmt gewesen, und wie in einem Film von Tarkowski seien die Verkäuferinnen des GUM mit gerafften Röcken durch die Schmutzflut gewatet, auf der Kot und Papierfetzen schwammen. Er selbst, so Buschmüller, habe sich die Hosenbeine hochgekrempelt und mit stoischem Gleichmut auf der Kloschlüssel Platz genommen, während draußen ein Papirossy rauchender Kirgise, ein Reiterlied aus der Steppe summend, mit Putzlappen und Eimer die Überschwemmung beseitigt habe. Auf einen Pfiff des Asiaten hin habe er die Füße gehoben, und unter der Tür der Toilette sei der an einem Schrubber befestigte Lappen durchgeglitten und habe *schwipp, schwapp* das um die Kloschüssel wabernde Wasser weggewischt.

Den Einwand des Philosophen, er sei mehrmals in Moskau gewesen und habe auf den dortigen Toiletten weder Klodeckel noch Papier vorgefunden – außerdem sei ihm schleierhaft, wie ein an einem Schrubber befestigter Lappen eine geschlossene Tür durchstoßen könne, entkräftete Buschmüller mit dem Hinweis, es habe sich um eine unten offene Schwingtür wie in einem Western-Saloon gehandelt. Im

Übrigen, fügte er, zu mir gewandt, hinzu, habe er in der UdSSR wie auch in Kuba mehr als einmal die Erfahrung gemacht, dass es am Ende einer Warteschlange stets etwas Lohnendes zu kaufen gebe, Softeis zum Beispiel oder Waffelbruch, weshalb ich recht daran getan hätte, mich am Palast der südlichen Maultaschen unter die Einheimischen zu mischen.

Ich erspare den Lesern den weiteren Fortgang des Gesprächs und lade sie statt dessen ein, uns in den Freundschaftsladen zu begleiten, das Gegenstück zum DDR-Intershop, chinesisch *youi* genannt, wo alles, was es zu kaufen gab, aus Seide, aus Porzellan oder aus Jade war: Nachdem wir uns mit Seidenhemden, Seidenkäppis und Seidenpantoffeln von Kopf bis Fuß neu eingekleidet hatten, überredete Buschmüller mich, eine größere Investition zu wagen, getreu dem chinesischen Sprichwort, dass man einen Kiesel hochheben muss, um Jade zu finden, was der Philosoph aus Bielefeld mit *Die Wurst nach der Speckseite werfen* übersetzte. Am Endpunkt der Seidenstraße angelangt, wurde ich vom Kaufrausch gepackt und legte meine gesamte Barschaft, die anders als zu Marco Polos Zeiten nur aus einer Plastikkarte bestand, in Seidenteppichen an: eine todsichere Investition, wie Buschmüller mir versicherte, die sich bei der Rückkehr nach Berlin als Goldregen auf meinem Konto niederschlagen würde. Auch Hella Jakobs und Arno Henkel wurden vom Seidenfieber angesteckt, und so kommt es, dass wir mit Teppichen bepackt in Guilin dem Flugzeug entstiegen. Unsere Delegation hatte sich in eine Teppichhändlerkarawane verwandelt, und die Gespräche beim Frühstück und abends an der Bar drehten sich nur noch um die Zahl der Knoten, mit denen unserre Seidenteppiche geknüpft waren: »Meiner hat 900 000 Knoten – und deiner?« – »Anderthalb Millionen.«

5

Das Leben, das diese Geschichte schrieb, folgt keiner logischen Chronologie, und der Weg von A nach B ist keine gerade Linie, sondern ein Labyrinth, durch das ich mich am seidenen Faden meiner Erzählung hangele. Vielleicht führt das folgende Gedicht, mit dem Buschmüller sich im Gästebuch des Zoos von Guilin verewigte, uns aus dem Irrgarten heraus:

CHINESISCHES POEM

Im Lotusblütenlabyrinth
des Parks von Guilin
geht der tote Kreisvorsteher spazieren:
ein flüsternder Schatten
im Bambushain.
Der Kaiser schickte ihm die Seidenschnur:
Sein Teepavillon war zu hoch.

Der neue Kreisvorsteher
baut einen neuen Park:
nicht für den Kaiser, fürs Volk.
Die Lotusblüten wandern in die Vase,

die Bambussprossen in den Kochtopf
des Devisenhotels.

Ein lungenkranker Löwe
dreht einsame Runden
im kalten Zoo: Sein Brüllen
ist vom Vorübergehn der Stäbe
so heiser geworden,
dass niemand mehr erschrickt.

Abgetriebene Embryos in Glasflaschen,
die blinden Augen anklagend
auf westliche Besucher gerichtet:
Reicher Onkel, bye-bye!
Sung, Ming oder Qing – alles dahin.

Ähnlich wie die in Glasflaschen hockenden Embryos – im Zoo von Guilin fand eine vom örtlichen Parteikomitee organisierte Ausstellung über Familienplanung statt – hätte diese literarische Missgeburt, von der Buschmüller vorgab, sie sei von Du Fu, dem großen Dichter der Tang-Dynastie, inspiriert, besser nie das Licht der Welt erblickt. Lieber hätte ich den Lesern ein Gedicht von Hella Jakobs präsentiert, auf die Rückseite der Speisekarte gekritzelt beim Anblick eines Kormorans, der, auf einer Klippe sitzend, einen Fisch verschlang und gehorsam wieder ausspie zu Füßen des Fischers, für den er unentgeltlich arbeitete. Hella Jakobs war die einzige Dichterin in unserer Delegation, und vielleicht ist das der Grund, warum ihr Text verloren ging, denn sie war die meiste Zeit im seligen Zustand der Trunkenheit. Entweder sind die Verse im mongolischen Feuertopf verschmort, um den wir uns im Speisesaal des Schiffes versammelten, oder sie hat mit dem Schreibpapier die Fenster der Bauernkate abgedichtet, in der sie nach der Rückkehr ihr Domizil aufschlug, und beim Ablösen von der Scheibe blieb das sensible Poem am Glas kleben. *Habent sua fata libelli*, wie der Lateiner sagt.

Das Schiff glitt zwischen bizarr geformten Felsen dahin, Resten eines Urgebirges, durch das sich der Lijiang-Fluss mäandernd seinen Weg bahnte, und ich fühlte mich ins Rheintal bei Bingen oder an den Main bei Wertheim versetzt: Ahnung und Gegenwart, chinesische Klassik und deutsche Romantik verschmolzen zu einem seltsamen Amalgam, nur dass die terrassierten Hügel nicht mit Wein bepflanzt und statt von Burgen mit Pagoden gekrönt waren. Dieselben geologischen Kräfte, die das Deckgebirge abgetragen hatten, waren in den Tropfsteinhöhlen im Innern der Kalkfelsen am Werk, wo Zapfen und Zöpfe, Wülste und Würste von der Decke hingen oder als Stümpfe und Schlümpfe, als Keulen und Säulen vom Boden emporstrebten: Weiches Wasser höhlt den Stein, wie Laotse lange vor Brecht schrieb, und was von oben abtropft, wächst von unten nach. Die Felsformationen, auf die der Schein ihrer Stablampe fiel, wurden von der Fremdenführerin des staatlichen Reisebüros mit Tiernamen belegt, Steppenlöwe, Bergtiger, Schneeleopard oder Bambusbär, und die in bonbonfarbenem Licht erglühenden Stalagmiten und Stalaktiten, vor denen Touristen aus Japan sich zu Gruppenfotos formierten, hatten Mühe, im Blitzlichtgewitter der Kameras ihre edle Einfalt und stille Würde zu bewahren.

Ich schlich auf Zehenspitzen zum tiefsten Punkt der Grotte, wo der Lärm der Besucher abebbte und wohltuende Dunkelheit mich umfing. Nur das stetige Fallen der Tropfen war zu hören, als Toilettenpapier unter meinen Füßen knisterte und ein nicht in eine Tropfsteinhöhle passender Duft meinen Geruchssinn beleidigte: KILROY war hier gewesen. Was weder die japanische Okkupation noch die chinesische Kulturrevolution zu zerstören vermocht hatten, das hatte der Massentourismus geschafft, indem er die Schilfrohrflötengrotte in eine öffentliche Toilette und den Seidenfaltenberg in eine Müllkippe verwandelte.

6

»Ich stehe auf dem Dach der Welt und sehe den Himmel nicht!«, rief Hella Jakobs zum ich-weiß-nicht-wie-vielten Mal. Wir standen auf der Dachterrasse des White Swan Hotels in Guangdong, eines von einem Milliardär aus Hongkong gesponserten Hotelhochhauses, dessen Lobby eine chinesische Miniaturlandschaft mit künstlichen Felsen, Pagode und Wasserfall zierte. Der ästhetische Mehrwert des Gebirges, von taoistischen Mönchen auf der Flucht vor der Zivilisation entdeckt, wurde als postmoderner Schnörkel in die moderne Architektur eingebaut. Das hätte unser Kulturphilosoph sagen können, aber er sagte es nicht, und Hella Jakobs' Bemerkung zielte auf etwas anderes: Vielleicht auf den Westwind, der schon in Guilin spürbar gewesen war und sich in Guangdong zur Brise versteifte, um in Hongkong zum Taifun oder zum Tycoon anzuschwellen, der den kommunistischen Mief vertrieb und ganz China durcheinanderwirbelte: *Asien gründlich verändert* hieß das bei Egon Erwin Kisch, aber diesmal war es ein kapitalistischer *wind of change*, der das Land vom Kopf auf die Füße stellte. Der Absturz aus den Wolkenkuckucksheimen der Ideologie war angesagt, und Guangdong war schon jetzt ein Eldorado des *American way of life*, der mit Styropor- und Plastikabfällen die südchinesische Küste verschandelte.

So etwa hätte ich mich ausdrücken können, wenn man mich nach meiner Meinung gefragt hätte, während ich mit einem gefüllten Cocktailglas in der Hand von der Dachterrasse des Hotels herabblickte auf das Delta des träge schwappenden Perlflusses, auf dem dickbäuchige Dschunken, Lastkähne und Lotsenboote, mit bunten Wimpeln beflaggt, hin und her kreuzten.

»Die Chinesen sind Wassernomaden«, räsonnierte der Philosoph aus Bielefeld. »Keine Seefahrer und Meerschäumer, sondern Binnenschiffer und Flussfischer, außer zur Zeit der Ming-Dynastie, als chinesische Handelsschiffe die Häfen des Arabischen und Indischen Ozeans anliefen und das Kap der Guten Hoffnung umrundeten, bis die Landpartei wieder die Oberhand gewann über die Seepartei. Damals zogen die Bauern sich unter dem Druck kaiserlicher Steuereintreiber, Kriegs- und Feudalherren auf Flüsse und Seen zurück, wo sie auf Hausbooten, Dschunken und Flößen eine nomadische Lebensform entwickelten, die an ältere Überlieferungen anknüpft. Das Wasser spielt eine zentrale Rolle in chinesischer Mythologie, Kunst und Literatur: Es gibt kaum ein Gemälde oder Gedicht, in dem nicht ein Fischer in seinem Kahn, eine See- oder Flusslandschaft oder ein Wasserfall dargestellt ist, und die Bewässerung der Felder, das Ausheben der Kanäle, das Aufschütten der Dämme und Deiche sowie das Terrassieren der Lehmhügel und Lößberge – all das sind charakteristische Kennzeichen der chinesischen Landschaft, Ausdruck einer, frei nach Karl August Wittfogel, hydraulischen Gesellschaft, der Chinas zentralisierter Staat, sprich die asiatische Despotie, ihre Entstehung verdankt.«

»Vulgärsoziologischer Nonsens«, knurrte Buschmüller, der sich vom gläubigen Maoisten zum Antikommunisten gemausert hatte und den Klassenkampf für eine Erfindung von Marx und Engels hielt: »Wasser, Berge und Wolken sind Ausprägungen ein und desselben Grundgedankens, der als Variation des Immergleichen Chinas Kunst und Literatur durchzieht und, zum Ornament verlängert oder zum Zitat verkürzt, in Bildern und Texten wiederkehrt. Die mäandernden Flussläufe, sich ringelnden Schlangen und gewundenen Drachen ähneln der labyrinthischen Struktur des menschlichen Gehirns, das sie ersonnen hat. Geometrisch gesehen, geht es um die bestmögliche Ausnutzung der Fläche auf kleinstem Raum, wie es für das übervölkerte Reich der Mitte seit jeher charakteristisch war.«

»Vielleicht ist das der Grund«, warf Hella Jakobs, den Faden fortspinnend, ein, »weshalb in jedem Taxi, Bus oder Flugzeug, in das ich steige, ein kettenrauchender Kuli neben mir sitzt, der mir eine mit Krähenfüßen bedruckte Zeitung vor die Nase hält und mit Ellbogen und Knien in meine Privatsphäre eindringt, bis ich die Faxen dicke habe und mir Luft verschaffe mit dem Ruf: Ich stehe auf dem Dach der Welt und sehe den Himmel nicht!«

7

(Was unverheiratete Paare in schäbige Absteigen treibt, ist ebenso bekannt wie das, was sie dort miteinander treiben. Die Strategie des Hotelpersonals, nie zwei oder mehr Personen, Eltern mit Kindern ausgenommen, länger als zehn Minuten unbeobachtet zu lassen, ist zwar lobenswert, aber ineffektiv, denn Hotelzimmer sind Brutstätten von Lastern: Damit sind keine Lastwagen gemeint, sondern das, was die obszönen Graffiti in den Herbergen Pompejis und Herculaneums der Nachwelt handgreiflich vor Augen führen. Wie der Beinahe-Gleichklang der Wörter verrät, ist der Unterschied zwischen einem Hotel und Bordell nicht sehr ausgeprägt, und die einzigen Filme und Bücher, die das Leben unzensiert darstellen, sind pornografische, in denen zu sehen ist, wie zwei oder mehr Personen, egal welchen Geschlechts, sich störender Kleider entledigen und übereinander herfallen, um Dinge zu tun, bei deren bloßer Erwähnung sich mein Gesicht mit Schamröte überzieht. Aber das nur in Klammern.)

Solche Gedanken müssen mir durch den Kopf gegangen sein, als ich zu später Stunde, nach Mitternacht, zum Telefonhörer griff, um die fernöstliche Massage zu bestellen, für die eine Hinweistafel an der Rezeption warb mit dem vielversprechend klingenden Satz: CALL ANY TIME – NIGHT AND DAY! Vielleicht war es das schwüle Monsunwetter, das mich am Einschlafen hinderte – jedenfalls war ich sofort auf den Beinen, als ich ein dezentes Klopfen vernahm, und öffnete mit gespannter Erwartung die Tür. Ich hatte Mühe, die unter meinem Pyjama sich abzeichnende Erektion zu verbergen, denn Pflaumenblüte, so nenne ich die zierliche Bodenturnerin, die mit einer grazilen Verbeugung ins Zimmer trat, übertraf meine schönsten Hoffnungen. Doch nicht alle Blütenträume reifen, denn kaum waren wir handelseinig geworden, warf sie mich mit einem Judogriff aufs Bett und trampelte zuerst auf meinem Rücken und dann auf meinem Bauch herum. Ich fühlte mich wie ein Trampolin, aber das war nur das Vorspiel, denn danach bearbeitete sie mit Handkantenschlägen meinen Hintern und malträtierte mich wie ein Kickboxer mit Fäusten und Füßen zugleich, bis ich fünf- und sechszackige Sterne sah und in allen Sprachen der Welt um Gnade bettelte – vergeblich, weil Pflaumenblüte meine Hilferufe nicht verstand. Sie würgte mich, bis ich blau anlief, und nachdem sie mir eine letzte Tracht Prügel verabreicht hatte, verabschiedete sie sich mit der gleichen Verbeugung, mit der sie ins Zimmer getreten war. So hatte ich mir eine Sex-Massage nicht vorgestellt, aber hinterher fühlte ich mich wunderbar erquickt und gestärkt, als hätte ich die Tai-Chi-Gymnastik mitgemacht, der sich die Bevölkerung jeden Morgen kollektiv unterzog – eine sanfte Variante des Kampfsports, dessen Opfer ich geworden war.

8

Am nächsten Tag schlenderten wir über den Markt, eine kilometerlang am Ufer des Perlflusses sich hinziehende Galerie von Garküchen, Schenken und Ständen, manchmal nur aus einer auf den Boden gebreiteten Zeitung bestehend, auf der ein Häufchen Krabben, eine Handvoll Grünzeug oder ein paar Briketts zum Verkauf auslagen, daneben hockte der Verkäufer mit angezogenen Beinen am Straßenrand und wartete geduldig auf Kundschaft. Hier gab es nichts, was es nicht gab: an Fleischerhaken aufgehängte Hunde und Affen mit abgehackten Pfoten und Schnauzen, frisch gehäutete Schlangen und abgezogene Aale, die sich in blutigen Knäueln am Boden wanden, Bündel zappelnder Frösche, die fetten Bäuche zu Wespentaillen zusammengeschnürt, Eimer voll piepsender Küken, in Bottichen schwimmende Babyschildkröten, wimmelnde Eidechsen und im Todeskampf zuckende Fische, die, Blutspuren hinter sich herziehend, von den Lenkstangen der Fahrräder baumelten, auf deren Gepäckträgern mit Stricken gefesselte Schweine quiekten, usf. – ad infinitum. Überall wurde in Pfannen und Kesseln, auf Kochherden oder offenen Feuern, in Bretterbuden oder Verschlägen gesotten und gebraten, gedünstet, gekocht oder gegart, klein geschnitten, gewürzt, gehackt, geknetet, abgewogen und ausgeschenkt, geschmatzt oder gerülpst. China eigne sich die Welt auf oralem Wege an, äußerte unser Kulturphilosoph, und es gebe nichts, was ein Kantonese nicht äße, selbst Kakerlaken, Ratten und Mäuse würden als Delikatessen geschätzt. Passend dazu erzählte der Dolmetscher, wie er während der Kulturrevolution zur Umerziehung durch Arbeit in die Volkskommune Roter Lampion verschickt worden sei. Dort hätten die Bauern den Deportierten zur Hebung oder Vertiefung (was praktisch dasselbe sei) ihres politischen Bewusstseins ein Gericht aus Schlangen- und Katzenfleisch vorgesetzt, Duell zwischen Drache und Tiger genannt, das den Kampf zweier Parteilinien versinnbildlicht und vorzüglich geschmeckt habe.

Im Maotai-Rausch habe er eine Methode ersonnen, witzelte Buschmüller, die berühmtesten Werke der Weltliteratur neu zu schreiben: *Krieg und Frieden*, *Rot und Schwarz*, *Stolz und Vorurteil* und wie sie alle hießen, denn nur Bücher, die das Wörtchen *und* im Titel führten, seien gegen die Erosion des Zeitgeists gefeit, weil sie nicht bloß eine, sondern gleich zwei Geschichten erzählten: nicht nur die von Romeo, sondern auch die von Julia; nicht nur die von Tristan, sondern auch die von Isolde – Longseller wie *Abélard und Héloïse* seien nach dem gleichen Muster gestrickt. »Ich nahm mir vor, die Klassiker neu herauszugeben, und zwar im Doppelpack: Ilias *und* Odyssee, Hamlet *und* König Lear, Tom Sawyer *und* Huckleberry Finn, Faust eins *und* Faust zwei, Ulysses *und* Finnegans Wake. Mit dieser Marketingstrategie erreicht man ein doppelt so großes Publikum.«

»Aufhören!«, brüllte Arno Henkel mit hochrotem Kopf und Zornesadern auf der Stirn. »Wie lange soll ich mir diesen Schwachsinn noch anhören?« – »Warum kompliziert, wenn es einfach geht«, feixte Wu-wei, der gern Sprichwörter und idiomatische Wendungen in seine Reden einflocht, diesmal an der richtigen Stelle: »Ich mache Ihnen einen Vorschlag zur Güte. Geben Sie die Werke der Weltliteratur einfach unter Ihrem Namen heraus. Dadurch sparen Sie Zeit und Energie!«

9

Ich überspringe unseren Aufenthalt in Schanghai, wo nichts Besonderes geschah, abgesehen davon, dass jeden Morgen die Exkremente von siebzehn Millionen Menschen auf Pferdewagen abtransportiert und als Dünger auf die Felder verbracht wurden und dass Hella Jakobs – fast hätte ich es vergessen – einen chinesischen Matrosen, den sie im Seemannsheim kennengelernt hatte, unter ihrem Rock versteckt ins Ausländerhotel schmuggelte. Ich übertreibe nicht – der Kleine reichte ihr nur bis zum Bauchnabel. Früh am Morgen wurde er unter großem Geschrei im Badezimmerschrank entdeckt, was die Entlassung des Nachtportiers und die Eröffnung eines Strafverfahrens zur Folge hatte, das, wie wir später erfuhren, mit der Verbannung des armen Sünders in die hinterste Mongolei endete. Denn trotz der von Deng Xiaoping eingeleiteten Politik der offenen Tür waren Devisenhotels *off limits* für die einheimische Bevölkerung, besonders wenn es sich, wie bei dem Matrosen, um einen militärischen Geheimnisträger handelte.

Vielleicht war es diese traumatische Erfahrung, das unglückselige Ende einer im Vollrausch durchzechten Nacht, die Hella Jakobs bewog, dem Tsingtao-Bier und dem Maotai-Schnaps Lebewohl zu sagen und ihren Alkoholpegel ohne Vorwarnung von hundert auf null Promille runterzufahren. Entweder hatte sie sich in den Winzling verliebt, der mit seinem Matrosenanzug einem Fotoalbum aus der Zeit des Boxeraufstands entsprungen schien, oder ihr trockengelegtes Gehirn dürstete nach Rache: Jedenfalls überraschte sie uns bei der nächsten Gruppenbesprechung durch den mit Bestimmtheit vorgetragenen Wunsch, ein Gefängnis zu besichtigen. Wu-wei glaubte, er habe sich verhört, und fragte höflich, ob wir nicht auch mit einem Palast oder einer Pagode Vorlieb nehmen würden, aber Hella Jakobs beharrte stur auf ihrem Ansinnen und wurde von dem mit einer Broschüre von Amnesty International wedelnden Philosophen bestärkt, sodass auch ich mir, um nicht in den Verdacht zu kommen, Menschenrechtsverletzungen scherten mich einen feuchten Dreck, ihr Anliegen zu eigen machte.

»Muss es denn unbedingt ein Gefängnis sein?«, fragte Wu-wei in der Hoffnung, es handle sich um ein sprachliches Missverständnis, in bekümmertem Ton, denn als unser Chefdolmetscher musste er geradestehen für ideologische Abweichungen seiner Delegation. »Warum nicht ein Ferienlager für junge Pioniere oder ein Erholungsheim für alternde Schriftsteller? Nicht mal Martin Walser und Günter Grass wollten ein Gefängnis besichtigen.«

Hella Jakobs schüttelte heftig den Kopf, was nicht nur bei den Langnasen in Europa, sondern auch im Reich der Mitte *nein* bedeutete, und ließ sich mit dem ihr eigenen Starrsinn vom eingeschlagenen Weg nicht mehr abbringen. Dabei hatten wir unsere Bitte reichlich spät vorgebracht, denn dies war die letzte Station der Reise, und unsere chinesischen Gastgeber hätten das Ansinnen mit dem Hinweis auf Zeit- oder Organisationsprobleme ohne Gesichtsverlust ablehnen können. Doch die Partei hatte die Parole der vier Modernisierungen ausgegeben, und jeder Wunsch eines ausländischen Gasts war für die staatlichen Organe ein Befehl. So brausten wir am vorletzten Tag des Chinabesuchs in einer Schanghai-Limousine mit zugezogenen Gardinen, durch deren Ritzen überschwemmte Reisfelder zu sehen waren, in denen Schweine sich suhlten, zum Umerziehungslager Nr. 99, wo anstelle jugendlicher Straftäter der Lagerkommandant, ein Major der Volksarmee, uns erwartete.

Die Baracken waren leer, als habe man die Gefangenen im Lauf der Nacht exekutiert, und die mit Suchscheinwerfern und Maschinengewehren bestückten Beobachtungstürme waren verwaist; nur die frisch gemachten Betten und militärisch exakt gefalteten Kissen und Decken, die mit Namen beschrifteten Spinde und in Reih und Glied stehenden Zahnputzbecher im Waschraum deuteten auf die abwesenden Bewohner hin, von denen wir nur einen antrafen, einen kahl geschorenen Jungen, der in der Elektrowerkstatt einen Radioapparat reparierte – ein Fall von Kinderarbeit also, der, wie Hella Jakobs mutmaßte, gegen von der Volksrepublik ratifizierte internationale Verträge verstieß. Der Junge hieß Li Li und gab sein Alter anfangs mit zwölf und später, nach Intervention des Kommandanten, der behauptete, die Häftlinge seien zwischen achtzehn und vierundzwanzig Jahren alt, mit vierzehn an. Er stammte aus der Provinz Hebei, war Vollwaise und konnte oder wollte nicht sagen, wo sich seine Mitgefangenen aufhielten und wegen welchen Delikts er ins Lager gekommen war.

»Kein Häftling spricht gern über seine Straftaten«, gab der Kommandant zu bedenken, als er uns nach dem Rundgang durch zugige Baracken in seinem überheizten Büro empfing: »Das Lager ist für die Jugendlichen zur zweiten Heimat geworden, die Welt draußen interessiert sie nicht.«

Seine Sekretärin kredenzte uns Tee, und Hella Jakobs wollte wissen, warum das Lagertor offen stand und die Wachttürme nicht mit Soldaten bemannt waren. Die Belegschaft sei auf einem Betriebsausflug, erklärte der Kommandant, und kehre erst spät am Abend ins Lager zurück. Der Vierzehnjährige nehme an dem Ausflug nicht teil, arbeite aber trotz seiner Erkältung weiter, um fristgerecht die Norm zu erfüllen. »Eigentlich brauchen wir weder Wachtposten noch Stacheldraht«, fügte er nach einer Pause hinzu. »Unsere Gefangenen sind so diszipliniert, dass sie keine Fluchtversuche unternehmen. Sie fühlen sich wohl bei uns.«

»Ich weiß nur zu gut, warum kein Häftling aus dem Lager entflieht«, sagte Hella Jakobs, nachdem die Worte des Kommandanten ins Deutsche übertragen worden waren. »Fluchtversuche sind sinnlos, weil ganz China ein Gefängnis ist!« – »Das ist ein sehr moderner Gedanke«, meinte der Lagerkommandant mit Blick auf das über seinem Schreibtisch hängende Porträt des Vorsitzenden Deng Xiaoping, der listig das linke Auge zusammenkniff, und lächelte versonnen in sich hinein. »Das ist ein sehr moderner Gedanke, und wir Chinesen lieben alles Moderne.«

10

»Endlich wieder in Freiheit!«, rief Buschmüller, als wir dem klimatisierten Bus entstiegen, der uns aus der Sonderwirtschaftszone Shenzhen in die britische Kronkolonie Hongkong gebracht hatte, deren Wiedervereinigung mit China beschlossene Sache war. Hier trennten sich unsere Wege: Hella Jakobs flog nach Hause zurück, um die Eiszapfen vom Walmdach ihrer Kate zu schlagen, und den Philosophen zog es ins heimatliche Bielefeld, um dort seinen Traum vom Doppelglück zu verwirklichen – zwei weich gekochte Eier zum Frühstück.

Vor dem Abflug stopften wir unsere in Freundschaftsläden erstandenen Seidenteppiche in einen Überseekoffer, den wir auf dem Mitternachtsmarkt günstig gekauft und Hella Jakobs zu treuen Händen übergeben oder vielmehr aufgenötigt hatten. Obwohl sich der mit Millionen Knötchen aus feinster Seide vollgepropfte Koffer ohne fremde Hilfe nicht bewegen ließ, schmuggelte Hella das zentnerschwere Gepäckstück ungeöffnet und unverzollt durch mehrere Grenzkontrollen nach Westberlin, wo wir die Ware Wochen später in Empfang nahmen, zu unserem Ärger aber feststellen mussten, dass sie unverkäuflich war, weil chinesische Seidenteppiche am Kurfürstendamm billiger waren als im Freundschaftsladen von Beijing. Der Traum vom schnellen Geld war ausgeträumt – doch davon wusste ich noch nichts, als ich im Hongkong Hilton eincheckte, wo das ortsansässige Goethe-Institut mir nicht bloß ein Zimmer, sondern eine Suite reserviert hatte, während Buschmüller mit der Wäschekammer Vorlieb nehmen musste.

Außer einem Vortrag am Goethe-Institut und einer Lesung von Buschmüller, der Proben aus seinen Werken zum Besten gab, stand noch etwas anderes auf dem gemeinsamen Programm. Man könnte von einer geheimen Agenda sprechen, denn obwohl oder weil wir uns nach den Erlebnissen im Reich der Mitte nicht mehr viel zu sagen hatten, waren wir übereingekommen, den Traum vom Doppelglück gemeinsam zu verwirklichen. Der Blick aus dem Panoramafenster meiner im vierundzwanzigsten Stock gelegenen Suite sah vielversprechend aus: Anders als im puritanischen Beijing, wo nur Kohlenstaub in der kalten Luft glitzerte, lockte das kapitalistische Babylon den Hotelgast mit einem Eldorado von Leuchtreklamen in die feuchtwarme Nacht. Während Buschmüller eine halbe Flasche Tomatenketchup auf seinen Cheeseburger schüttete, genehmigte ich mir ein blutiges Steak, nicht in Würfel zerhackt und in Sojaöl gegart, sondern auf dem Rost gegrillt, und frisch gestärkt tauchten wir in den Dschungel der Großstadt ein.

Vor der Auffahrt zum Hotel stauten sich Bentleys und Rolls-Royce-Limousinen, deren Insassen, Damen in Pelzmänteln und Herren mit Managerkoffern, um ja keine Kursschwankung zu verpassen, selbst beim Ein- und Aussteigen die Telefone nicht aus der Hand gaben, die livrierte Lakaien an Schnüren hinter ihnen her trugen – damals gab es noch keine Handys. Wir requirierten mit Mühe ein Taxi, dessen Fahrer nur gebrochen englisch sprach und äußerst begriffsstutzig schien. Auf die von Augenzwinkern begleitete Frage, wo man sich in dem Sündenbabel amüsieren könne – das Wort *man* steht hier nicht von ungefähr –, schüttelte er verständnislos den Kopf, setzte uns aber nach langer Irrfahrt durch endlose Verkehrsstaus in Kowloon ab, einem Stadtviertel, das, wie Buschmüller in einem Reiseführer gelesen hatte, berüchtigt war für seine zwielichtigen Spelunken, Bordelle und Bars.

Anders als im Zentrum, wo zweisprachige Ortsschilder und Straßennamen Besuchern den Weg wiesen, bewegten wir uns durch einen Zauberwald verwirrender Zeichen, deren Bedeutung ich trotz scharfen Nachdenkens nicht erriet. Die sonst allgegenwärtigen Logos von Benetton, Coca-Cola und Marlboro waren hier dünn gesät; statt dessen lockten Leuchtschriften, die feingliedrigen Insekten, tanzenden Nymphen oder Elfen ähnelten, uns in düstere Toreinfahrten und dunkle Hinterhöfe hinein. Es war neun Uhr abends, und trotz der frischen Brise, die einen Geruch nach Seetang und faulem Fisch in die gewundenen Gassen trug, klebte mir das Hemd am Leib. Ich wollte auf schnellstem Weg ins Hotel zurück, aber unter einer roten Laterne, deren Aufschrift an zwei im Flug sich paarende Libellen erinnerte, blieb Buschmüller angewurzelt stehen. »Das ist das chinesische Zeichen für Doppelglück«, mutmaßte er, »und die doppelte Sechs deutet darauf hin, dass hier käuflicher Sex angeboten wird.«

Wir zogen die Klingel, aber erst nach mehrmaligem Klopfen öffnete sich ein Guckloch, durch das man uns kritisch musterte, und eine feingliedrige Hand zog zuerst Buschmüller, dann mich durch die Tür, die hinter uns doppelt verriegelt wurde. Es war stockfinster im Innern des Etablissements, und erst als meine Augen sich an die Dunkelheit gewöhnt hatten, bemerkte ich einen schwachen Lichtschein, der aus einer Kühltruhe zu kommen schien, deren Deckel mit dumpfem Geräusch zufiel. Kichernde Frauenstimmen waren zu hören und etwas, das wie das Klirren von Eiswürfeln klang.

Ich wurde auf einen Barhocker platziert und spürte die Anwesenheit einer Frau, die sich durch das Aroma ihres Parfüms und ihren raschelnden Rock verriet. Jedes Mal, wenn ich im Finstern nach Armen, Beinen oder Brüsten tastete, um das Angebot zu testen – wer kauft schon gern die Katze im Sack? –, entzog sie sich meinem Griff, sodass ich außer knisterndem Stoff nichts in Händen hielt. Noch dazu war die Dame – falls es sich nicht um einen Teenager oder einen

Transvestiten handelte – keiner mir bekannten Sprache mächtig: Weder Englisch noch Russisch oder Französisch entlockten ihr ein Wiedererkennungssignal. Vielleicht gehörte sie zum Volk der Hakka oder einer anderen Minderheit, denn erst bei dem Stichwort *Scotch* gluckste sie zustimmend und stellte gefüllte Gläser vor uns hin, die keinen Maotai, sondern Johnnie Walker Black Label enthielten, wie der Whisky- und Weltkenner Buschmüller vermutete.

Während ich ziellos in einer Wolke von Parfüm herumstocherte, deren Inhalt sich meiner Umarmung entzog, wisperte mein Komplize mir zu, er käme sich vor wie Ali Baba und die vierzig Räuber, allerdings ohne Sesam-öffne-dich. Ich verwies auf das Höhlengleichnis von Platon, und Buschmüller konterte mit den Metamorphosen des Ovid, wo Jupiter sich, um Juno zu begatten, in eine Wolke verwandelt. Mir stand nicht der Sinn nach griechischer Mythologie, und ich äußerte den Verdacht, dass niemand uns vermissen würde, falls man uns mit Seidenschnüren erdrosseln und mit Samuraischwertern zerstückeln würde, um Maotai-Schnaps aus unseren Leichen zu destillieren. Wir beschlossen, den ungastlichen Ort zu verlassen, doch das war leichter gesagt als getan.

Wie Hänsel und Gretel im Märchenwald tasteten wir uns zurück zur Tür, unter der ein matter Lichtstreif durchschimmerte. Ich drückte die Klinke nieder und zuckte erschrocken zurück: Vor mir lag ein schlauchförmiger Kellerraum, durchzogen von schwefelgelbem Qualm, dessen betäubender Geruch mir den Atem nahm. Im Schein trüber

Funzeln saßen Männer in Seidenpyjamas an einem langen Tisch, tranken Whisky und Tee, rauchten Haschischpfeifen, mischten Karten und würfelten. Ich weiß nicht, ob es sich um eine Opiumhöhle, eine Spielhölle oder um beides zugleich handelte, aber die Gäste des Etablissements glaubten an eine Razzia: Sie standen abrupt auf, stießen den Tisch um, sodass Flaschen, Gläser, Spielkarten und Würfel in alle Richtungen flogen, und rannten in wilder Flucht zum Ausgang. Ein aus einem Chaplin-Film entsprungener Rausschmeißer baute sich vor uns auf, aber während er mit den Armen fuchtelte, schlüpften wir zwischen seinen gegrätschten Beinen durch und bahnten uns mit Kungfu-Schlägen einen Weg ins Freie, wo die durch den Lärm alarmierte Polizei uns Handschellen anlegte und zusammen mit auf frischer Tat ertappten Verbrechern in eine Grüne Minna sperrte. Statt im King-Size-Bett meiner Hilton-Suite verbrachte ich die Nacht mit vietnamesischen Boat People im Untersuchungsgefängnis von Kowloon. Und es dauerte acht Stunden, bis ein vom Goethe-Institut benachrichtigter Konsulatsbeamter meinen Aufenthaltsort ausfindig gemacht und die für die Freilassung nötige Kaution hinterlegt hatte.

Statt des erhofften Doppelglücks war ich doppelt ins Unglück geraten, denn bei der überstürzten Flucht hatte ich meinen Brustbeutel verloren, den die Hongkonger Polizei beim Durchsuchen des illegalen Spielsalons sicherstellte – leider ohne Geld und Kreditkarte. Die Behörden machten kurzen Prozess und schoben Buschmüller und mich *stante pede* aus der Kronkolonie ab. Noch am selben Abend stiegen wir unter Polizeiaufsicht in ein Flugzeug, das uns statt in Frankfurt am Main in Bangkok absetzte, wo wir uns für das erlittene Ungemach schadlos hielten. Wie und in welcher Weise, darf ich hier nicht ausplaudern, denn Buschmüller hat mir Stillschweigen auferlegt über alles, was anschließend in Bangkok geschah, und statt das Redeverbot zu brechen, halte ich mich daran.

VIERTE NACHT:
EISBRECHER ALMIRANTE IRIZAR, DECEPTION ISLAND, ANTARCTICA

»Und bis zum Sinken überladen
Entfernt sich dieser letzte Kahn ...«
(Goethe: *Faust*)

1

Es war im antarktischen Sommer, der mit dem Winter auf der Nordhalbkugel zusammenfällt, es war im Januar 1994, als ich in Buenos Aires an Bord des Eisbrechers *Almirante Irizar* ging. Ich trug Turnschuhe und Shorts, denn meine Polarausrüstung war am Londoner Flughafen Heathrow zurückgeblieben, und obwohl ich immer wieder die Gepäckermittlungsstelle des Flughafens anrief, vertröstete man mich auf den Sankt Nimmerleinstag, bis ich die Geduld verlor und im Büro der British Airways in der Fußgängerzone von Buenos Aires in den Sitzstreik trat, den eine Stewardess in blauer Uniform beendete, indem sie mir einen Kulturbeutel mit Rasierzeug, Kamm und Zahnbürste und einen Gutschein über hundert Dollar aushändigte, zum Kauf von Kleidern, wie es hieß. Ich hatte die Hoffnung schon aufgegeben und die Plastiktüte aus dem Kaufhaus, die warme Socken, lange Unterhosen und eine Wollmütze enthielt, auf die Schlafkoje meiner Kabine gelegt, die nicht Kajüte sondern *camarote* hieß, camarote 0310, als Urs, der Schweizer Tauchfotograf, der mich auf der Reise begleitete, an die Tür klopfte und mir meinen Koffer übergab, den er in buchstäblich letzter Minute, kurz vor der Einschiffung, am Flughafen sichergestellt hatte. Zu seinem Leidwesen war Urs, der sich nach eigenem Bekunden unter Pinguinen wohler fühlte als unter Menschen, in einer Sammelkabine mit argentinischen Matrosen einquartiert, während ich meine Kajüte mit einem Architekten italienischer Herkunft teilte, der Bruno hieß und Fertighäuser im ewigen Eis errichtete, das nicht ewig, sondern ständig in Bewegung war und Fertighäuser zu Ziehharmonikas verformte, die wie kalbende Gletscher ins Wasser stürzten, denn anders als ich in meiner Laienhaftigkeit geglaubt hatte, war das Inlandeis der Antarktis kein ruhender Pol, sondern eine träge Masse, ein gefrorener Strom, der auf dem von den Eismassen glatt gehobelten, felsigen Untergrund dem Meer entgegenfloss.

2

Begonnen hatte alles drei Monate zuvor, beim Empfang aus Anlass des neuen Nationalfeiertags, zu dem der deutsche Botschafter in Argentinien das diplomatische Korps in den Garten seiner Residenz einlud. Vertreter befreundeter und verfeindeter Staaten, von A wie Äthiopien bis Z wie Zimbabwe, fanden sich auf dem kurz geschorenen Rasen ein, nur der Geschäftsträger der Deutschen Demokratischen Republik fehlte, weil sein Staat nicht mehr existierte; die

DDR hatte den Geist aufgegeben und war aus der Liste der in Buenos Aires akkreditierten Botschaften gestrichen worden, nachdem ich kurz zuvor noch ihre diplomatische Vertretung besichtigt hatte. Das rau verputzte Gebäude mit dem vergitterten Vorgarten wirkte wie ein gespenstisches Déjà-vu oder wie ein nicht von Edgar Allan Poe geschriebener Epilog zum Untergang des Hauses Usher. Von dem riesigen Fotokopierer in einem mit Stahltüren gesicherten Raum, zu dem nur Stasi-Mitarbeiter Zutritt hatten, über das altmodische Telexgerät bis zum Nierentisch im Büro des Botschafters, auf dem ein gerahmtes Foto von Erich Honecker stand, neben einem Cognacschwenker und einem Buch mit Instruktionen für Notfälle: Was tun, wenn die Regierung sich abmeldet? Warten Sie auf Weisungen der Zentrale – falls keine anderslautende Weisung erfolgt, vernichten Sie das gesamte Aktenmaterial. Ähnlich wie in der allein selig machenden Kirche galt die Geheimhaltungspflicht über die Existenz des Staates hinaus, auch wenn dieser sein Verfallsdatum überschritt und sang- und klanglos unterging.

Das Fehlen der DDR wurde wettgemacht durch die ortsansässige deutsche Kolonie, die vollzählig zum Botschaftsempfang erschienen war, von Daimler und Dresdner Bank bis zum Siemens-Konzern, dazu die üblichen Verdächtigen, jüdische Emigranten und alte Nazis, Deutsch-Argentinier und Argentiniendeutsche, nicht zu vergessen das Oberkommando der Armee, die hier bis vor kurzem das Sagen gehabt hatte und erst nach dem Falkland-Debakel in ihre Kasernen zurückgekehrt war. Generäle mit goldenen Epauletten stolzierten wie Pfauen vor kalten und warmen Büffets auf und ab, und in der Warteschlange vor einem weißblauen Zelt, in dem Weizenbier ausgeschenkt wurde - vielleicht war es auch Weißwurst oder Leberkäse mit süßem Senf - kam ich ins Gespräch mit zwei Marineoffizieren, die in ihren Galauniformen wie italienische Kellner oder Friseure aussahen.

»Sie sind also Schriftsteller?«, sagte der ältere von beiden mit Blick auf die Visitenkarte, die ich aus der Brusttasche zog: »Was schreiben Sie, wenn man fragen darf?« - »Reiseführer«, sagte ich, nicht ganz der Wahrheit entsprechend, aber auch nicht ganz falsch. Bei dieser Anwort horchte der Offizier auf und stieß seinen Untergebenen mit dem Ellbogen in die Seite. »Waren Sie schon einmal in der Antarktis oder hätten Sie Interesse, dorthin zu fahren? Pardon, ich habe ganz vergessen, mich vorzustellen. Mein Name ist Rinaldini, ich bin Pressesprecher der argentinischen Marine, und Leutnant Santos ist mein Adjutant.« Mein Nicken als Zustimmung deutend, legte er die Hand an die Mütze und verabschiedete sich mit dem Ruf: »Sie hören von uns!«

3

Ich überspringe den Rückflug nach Deutschland und die Korrespondenz, die sich zwischen dem Marineministerium in Buenos Aires und meiner Schreibstube in Berlin entspann - nicht per E-Mail, weil die argentinischen Streitkräfte nicht auf dem neuesten Stand der Technik waren und vermutlich deshalb den Falkland-Krieg verloren hatten. Das Faxpapier, das sich unter wichtigtuerischem Ticken aus dem Empfangsgerät spulte, passte wegen seiner Überlänge in keinen Aktenordner, und obwohl ich den preußischen Beamten in mir nie verleugnete und alles ordnungsgemäß abheftete, ist die Schrift durch die lange Lagerung zur Unkenntlichkeit verblasst. Erst wenn ich das ausgebleichte Papier ins Gegenlicht halte, tritt das Logo des Marineministeriums hervor, ein von einem Tau umschlungener Anker mit der Aufschrift ESTADO MAYOR GENERAL DE LA ARMADA ARGENTINA, DEPARTAMENTO DE RELACIONES PÚBLICAS, und wenn ich das Blatt mehrmals hin und her wende, kann ich die wie ein Befehl klingende Einladung entziffern, mich am 10. Januar 1994 im Hafen von Buenos Aires an Bord des Eisbrechers *Almirante Irizar* zu begeben. Damals wusste ich noch nicht, dass die Armada Argentina eine Domäne sizilianischer Einwanderer war und dass das Oberkommando der Marine meine Faxmitteilungen in englischer Sprache nicht oder nur halb verstand.

Bis heute gut lesbar hingegen ist der Brief aus dem Kanton Appenzell, in dem mir der Schweizer Tauchfotograf Urs Mögli Überlebensregeln für die Antarktis und Instruktionen für Kleidung und Ausrüstung mitteilte. Urs sah aus wie ein blond gelockter Eisbär, obwohl es Eisbären nur in der Arktis gibt, und getreu der in seinem Nachnamen enthaltenen Devise, dass nichts unmöglich ist, war er unter meterdicke Eis getaucht und hatte Sattelrobben und Adélie-Pinguine unter

Wasser gefilmt. Im Roten Meer hatte er mit bloßen Fäusten gegen Haie gekämpft, und auf der Suche nach dem Goldschatz der SS war er in einen bayerischen Bergsee getaucht und hatte statt des erhofften Nazigolds ein versunkenes Kloster mit hinter Butzenscheiben schlummernden Mönchen entdeckt. In Feuerland hatten sich unsere Wege gekreuzt und wieder getrennt, und als das Marineministerium mir anbot, einen Fotografen mit auf die Reise zu nehmen, war ich es, der Urs fragte: »Hätten Sie Zeit und Lust, in die Antarktis zu reisen?«

Die Instruktionen aus dem Appenzeller Land waren an Genauigkeit schwer zu überbieten. »Kopf: Stirnband mit Ohrenschutz, Kopfpariser aus Faserpelz (Fleece), Sonnen- und Schneebrille. Hände: zwei warme und bequeme Fingerhandschuhe, Fäustlinge mit Goretex-Membran und langen Stulpen. Füße: dünne Seidenstrümpfe als Untersocken und dicke Thermo-Übersocken, Glacier-Stiefel oder Bergschuhe, an die man Steigeisen montieren kann. Körper: Thermounterwäsche von North Face oder Helly Hansen, Thermo-T-Shirts mit langen Ärmeln, Fleece-Hose und Fleece-Jacke von Patagonia, dicker Skipullover und Faserpelzjacke mit Windbreaker.«

Mit dieser Einkaufsliste ging ich drei Tage vor dem Abflug nach Buenos Aires in ein Spezialgeschäft für Extremreisen ins Tal des Todes oder zum Mount Everest, das mir von Bergsteigern und Wüstenwanderern empfohlen worden war.

»Das brauchst du aber«, sagte die blonde Verkäuferin, deren sportliche Bräune direkt aus dem Ozonloch zu stammen schien, und breitete die Antarktis-Kollektion auf dem Ladentisch aus: den Kopfpariser, die Gletscherbrille mit Lichtschutzfaktor, den Fleece-Anorak mit eingebautem Windbreaker, die Fäustlinge und Schnürstiefel aus Goretex, nicht zu vergessen die langen Unterhosen von North Face, »damit dir bei minus 40 Grad nicht der Arsch abfriert«. In diesem Geschäft war alles aus Faserpelz, und jeder Artikel kostete 199 Mark, einschließlich der Verkäuferin – nur das Du war umsonst.

Dass die Sache nicht billig werden würde, wusste ich, aber dass die sündhaft teure Spezialausrüstung, die ich in dem Expeditionsshop erstand, unnötig und in der Antarktis fehl am Platze war, überstieg meine Vorstellungskraft.

»Ich dachte, Sie sind Haiti-Experte«, brummte der Redakteur des Wochenblatts ins Telefon, während ich ihm eine Reportage aus dem ewigen Eis aufzuschwatzen versuchte. »Oder handelt es sich um Tahiti? Fünf bis sechs Blatt zu dreißig Zeilen und sechzig Anschlägen – mehr ist nicht drin. Bitte nichts über Eisbären und Pinguine, das hatten wir schon.« Und ehe ich ihm klarmachen konnte, dass Eisbären in der Arktis, Pinguine dagegen in der Antarktis heimisch sind, hatte er den Hörer aufgelegt.

4

Trotz unserer Unkenntnis über Ort und Zeit des Auslaufens fanden wir uns rechtzeitig auf der *Almirante Irizar* ein, umdrängt von tätowierten Matrosen, die sich von Müttern mit weinenden Kindern oder geschminkten Bräuten verabschiedeten und, plärrende Radios und Paletten mit Bierdosen balancierend, über einen Laufsteg an Bord des Eisbrechers stiefelten. Dann wurde die Gangway hochgezogen, die Schiffssirene tutete dreimal, und die *Almirante Irizar* lief durch eine schmale Fahrrinne in den Río de la Plata ein. Es war zwei Uhr nachts, und die Skyline von Buenos Aires versank hinter dem dunklen Horizont. Ein weiß gekleideter Steward geleitete mich durch den dämmrigen Schiffskorridor zu einer spartanisch möblierten Kabine, auf deren unterer Koje kein Seesack, sondern ein Aluminiumkoffer lag, der dem Architekten Bruno gehörte, von dem anfangs die Rede war. Zu seinem Leidwesen hatte man Urs in einer Mannschaftskabine im Zwischendeck einquartiert, und erst nach geharnischten Protesten gelang es mir, die militärische Rangordnung zu unterlaufen und ihm das Sofa in unserer Kajüte als Schlafstatt zuweisen zu lassen. Aber ich habe mich vom Ausgangspunkt meiner Geschichte entfernt, an deren Beginn ich unter einem kreisenden Radarschirm auf dem obersten Deck spazieren ging und den Nachthimmel nach markanten Sternbildern absuchte, ohne zu wissen, dass das, was ich für das Kreuz des Südens hielt, die Lichterkette von Montevideo am nördlichen Ufer des Flusses war.

Die *Almirante Irizar* wurde 1978 auf der Wärtsilä-Werft in Helsinki gebaut und ist 120 Meter lang, 25 Meter breit, 9,5 Meter tief und 12,5 Meter hoch. Das Schiff, benannt nach einem argentinischen Seeoffizier, der 1903 die Mitglieder der im Packeis gestrandeten Nordenskjöld-Expedition rettete, wiegt 4600 Tonnen und hat 665 Tonnen Ladung, 250 Tonnen Dieselöl, 100 Tonnen Kerosin, 100 Tonnen Trinkwasser, 100 Tonnen Lebensmittel und, Passagiere nicht mitgerechnet, 233 Matrosen und Offiziere an Bord, die auf fünf übereinanderliegenden Decks in 75 Kabinen untergebracht sind. Die Leistung der Dieselmotoren beträgt 16200 PS, Höchstgeschwindigkeit 16,5 Knoten, maximale Reichweite 36000 Seemeilen bei Wassertemperaturen von minus 1,1 bis plus 20 und Lufttemperaturen von minus 35 bis plus 30 Grad; zum Löschen der Ladung stehen zwei Kräne mit einer Nutzlast von je 16 Tonnen und ein Helikopterstart- und Landeplatz mit Hangar für zwei Transporthubschrauber zur Verfügung. Es gibt acht Offiziersmessen, ein ozeanografisches Labor, eine meteorologische Station, die Hoch- und Tiefdruckgebiete sowie die Eisdrift mit Radar registriert, eine Klinik mit Operationsraum, Großküche, Bäckerei, Wäscherei, ein Fitness-Center mit Sauna, Friseursalon und Bordbibliothek, und die Kommandobrücke kommuniziert per Radio, Telex, Fax und Satellit mit der Außenwelt.

Die Hierarchie an Bord war ein Spiegelbild der argentinischen Gesellschaft: Bei niedrigen Dienstgraden, *cabos* und *subcabos*, herrschten indianische Gesichtszüge und dunklere Hautfarben vor, während die höheren Offiziere europäischer, sprich italienischer Abstammung waren – mit zwei Ausnahmen: Osu, der japanische Bordingenieur, der wie ein mexikanischer Pistolero aussah mit gekreuztem Patronengurt, in dem Schraubenzieher, Kombizange, Lötkolben und andere Utensilien steckten, die er brauchte, um unverhofft auftauchende Probleme zu lösen und technische Pannen zu beheben. Nicht zu vergessen der Schiffsarzt Lucio, dessen sephardische Vorfahren über Holland und Brasilien nach Argentinien gelangt waren und der mir später das Leben gerettet hat – aber ich will das Ende der Geschichte nicht vorwegnehmen.

Nicht Stunden – Tage vergingen, bis mir die räumliche und sprachliche Orientierung in den dämmrigen Schiffskorridoren gelang, die je nach Länge, Breite und Höhe *pasaje*, *pasadillo* oder *pasadizo* genannt wurden, so wie die Koje, Kabine oder Kajüte *camara*, *camareta* oder *camarote* hieß. *Rancho, primer turno* war das Kommando zum Mittagessen; die Matrosen stellten sich in Zweierreihen vor der Mannschaftskantine auf, wo Köche mit Suppenkellen ihnen Spaghetti oder Ravioli zuteilten, und die Unteroffiziere standen Schlange vor dem Büffet, während das Losungswort *Diana, Diana* mich zum Kapitänstisch rief, *comedor de los comandantes* genannt, wo der Rotwein in Strömen floss und zum Nachtisch Götterspeise gereicht wurde, wie es sich im Olymp gehört: je nachdem lindgrüner oder rosaroter Wackelpudding, der, wie General Leal, der Senior der argentinischen Antarktisforschung, erklärte, nicht aus Schweineknochen, sondern aus Makroalgen hergestellt wurde, die der alte Herr in seiner Kabine hortete. Die Frage *how big is your minibar?*

wurde zum geflügelten Wort, dessen Bedeutung ich erst begriff, als der Polarforscher mir empfahl, zur Verdauungsförderung Algencocktails zu trinken. Mittags gab es Suppe und Salat mit Dessert, abends ein Drei-Gänge-Menü mit Aperitif und Digestif, und zur Vermeidung eines Fauxpas' fertigte ich Zeichnungen der Schulterstücke und Rangabzeichen an, um meine Tischgenossen mit korrekter Anrede und Nennung ihres Dienstgrads begrüßen zu können: *¡Buenos días, mi capitán – buenas tardes, mi coronel – buenas noches, mi general!*

Die Kommunikation wurde dadurch erschwert, dass es auf der *Almirante Irizar* nicht nur einen, sondern ein halbes Dutzend Kapitäne gab, deren Kompetenzen nicht klar abgegrenzt waren: Kapitän Fregata, genannt Fregatte hoch zwei, weil er Fregata hieß, Fregattenkapitän war und in seiner Freizeit Fregatten malte; Kapitän Federici, der keinen Nachtisch, und Kapitän Reali, der keine Vorspeisen aß, und Kommodore Fuster, der nur Mineralwasser trank. Und als sei es damit nicht genug, waren außer Marineoffizieren auch hochrangige Vertreter von Heer und Luftwaffe an Bord, die den Eisbrecher als Kreuzfahrtschiff und die Reise ins Südpolarmeer als Gratisurlaub ansahen.

5

Die *Almirante Irizar* hatte Mar del Plata und Bahía Blanca hinter sich gelassen. Der Südatlantik war subtropisch warm, und ich nahm Sonnenbäder auf dem Helikopterdeck, zusammen mit einem Glaziologen aus Bremen und seiner blonden Assistentin, deren Busen das Augenmerk der Götter im Olymp auf sich zog. Jedes Mal, wenn das Gespräch die Grenzen des Anstands überschritt, warf General Leal, der beim Essen den Vorsitz innehatte, seine Serviette als Fehdehandschuh auf den Tisch, um die *comandantes* zur Ordnung zu rufen. Patagonien ist flach und grün wie eine Tischtennisplatte, und ein über die Pampa fegender Staubsturm blies Wolken von Käfern an Bord, deren silbergraue Chitinpanzer bei jedem Schritt unter den Schuhen zerbarsten. Neben einem blasenden Pottwal tauchte ein Hai aus den Wellen – vielleicht war es auch ein Killerwal, der ein Walfischbaby von seiner Mutter zu trennen versuchte, und statt des von Seeleuten als böses Omen gefürchteten Albatros kreisten vom Wind verwehte Flamingos über dem Schiff.

Am nächsten Morgen roch es nach Dieselöl, vermengt mit dem süßlichen Duft von billigem Rasierwasser – ein schwer erträgliches Aroma. Der Eisbrecher hatte vor einer Gas- und Ölraffinerie angelegt, auf deren verrußter Pipeline Kormorane hockten, die das mit Ölschlieren übersäte Meer nach Fischen absuchten, und die Matrosen warfen sich in Schale, um in der Hafenstadt Ingeniero White, der letzten Station vor dem Auslaufen in die Antarktis, auf Brautschau zu gehen.

Die *roaring forties* und die *furious fifties* – zwei Bezeichnungen für das Seegebiet vor der Küste von Patagonien – trugen ihre Namen zu Recht. Schneidend kalter Wind türmte die lang gezogene Atlantikdünung zu furchterregender Höhe auf, schwere Brecher gingen auf Bug und Heck nieder, und auf den Flügeln des Sturms schwebte ein Albatros und stieß im Sturzflug auf das Schiff herab.

In der Lemaire-Straße, auf halbem Weg zwischen der Isla de los Estados und Feuerland, wurde die Besatzung an Deck beordert; Offiziere und Mannschaft traten zum Appell an, ein Trompeter blies einen misstönenden Salut, dessen Melodie der Wind auseinanderriss, ein mit Schleifen geschmückter Kranz wurde ins Meer geworfen und trieb im Kielwasser des Schiffes davon.

Meinen Tischgenossen standen Tränen in den Augen beim Gedanken an ihre Kameraden von der *General Belgrano*, die nicht weit von hier im Mai 1982 von dem britischen Atomunterseeboot *Conqueror* versenkt worden war und 321 Mann Besatzung in den Tod gerissen hatte, deren Gebeine in 4000 Metern Tiefe auf dem Meeresgrund ruhten. Im Falklandkrieg, der hierzulande Malvinenkonflikt hieß, hatte die *Almirante Irizar* als Lazarettschiff gedient, das auch verwundete Engländer an Bord nahm, und hatte, von britischen U-Booten bedrängt, in einem Konvoi russischer Fischtrawler Schutz gesucht.

Am nächsten Morgen tobten als Dracula- und Frankenstein-Monster maskierte Zombies durch den Schiffskorridor, ein Vorgeschmack darauf, was die Neulinge, zu denen auch ich gehörte, bei der Südpolartaufe am 66. Breitengrad erwartete. Die *Almirante Irizar* hatte die stürmische Drakepassage durchquert und die antarktische Konvergenz erreicht, eine brodelnde Wetterküche, in der subtropisch warmes Wasser aus dem Südatlantik sich mit vom Inlandeis abfließendem Tiefenwasser mischte. Den Passagieren war schlecht. Der Bordarzt verteilte Pillen gegen Seekrankheit und klebte mir ein Pflaster hinters Ohr, das die Übelkeit noch verschlimmerte. Ich fühlte mich elend und zerschlagen. Beim Anblick der gegen das Bullauge klatschenden Wellen, des schwankenden Fußbodens und der in den Angeln quietschenden Tür stieg Brechreiz in mir hoch. Ich lag zusammengerollt auf dem Bett, und vor meinen halb geschlossenen Lidern glitt wie eine Fata Morgana ein rosa Eisberg vorbei. Der Nebel lichtete sich, und ich sah zwei Eselspinguine – oder waren es Zügelpinguine? – auf einer Eiskante stehen und kopfüber ins Wasser springen, aus dem sie wie Formationsschwimmer auf- und wieder eintauchten. Dann kam Land in Sicht: Schwarze Basaltfelsen flankierten die Einfahrt in eine von blaugrünen Gletschern gespeiste Bucht. Möwen und Albatrosse kreuzten über dem mit Eisbrocken gesprenkelten Meer, und Prozessionen von Pinguinen wanderten über den steinigen Strand vor der Silhouette eines Tafelbergs, in dessen Windschatten sich Wohnsilos duckten.

6

Vor uns lag Jubany, ein als Forschungsstation dienendes Containerdorf, mit dem Argentinien Flagge zeigte im ewigen Eis – genauer gesagt auf der dem Festland vorgelagerten King-George-Insel, wo das Klima milder ist als im Innern des Kontinents. Dutzende miteinander konkurrierender

Staaten – von Chile und Brasilien bis Polen und Russland, Indien und China – hatten hier wissenschaftliche Labors eingerichtet, um vor Ort präsent zu sein am Tag X, wenn der Antarktis-Vertrag, der keine territorialen Ansprüche anerkennt und permanente Siedlungen untersagt, nicht mehr gilt und der Run auf die unter dem Eis vermuteten Bodenschätze beginnt. Auf den ersten Blick erschien Jubany mir wie eine Mischung aus Zeltlager und Jugendherberge: Die Männer trugen Dreimonatsbärte und sahen bleich und abgezehrt wie Gefängnisinsassen aus, und die Frauen wirkten verhärmt und wenig attraktiv in ihren orangenen Overalls. Die Begrüßung fiel einsilbig aus, als hätten die Überwinterer in der Antarktis das Sprechen verlernt – dabei waren die meisten Forscher nur in den Sommermonaten hier.

Ein von der Bundesrepublik übernommener Ornithologe aus der früheren DDR lud mich in seinen Wohncontainer ein. Es roch nach klammen Kleidern und ungelüfteten Schlafsäcken; Wollsocken trockneten über der Heizung, vor der Tür standen schlammverkrustete Gummistiefel, und die Kühltruhe war statt mit Bierdosen mit Möwenkot gefüllt, den Hans für Forschungszwecke sammelte und unter dem Mikroskop untersuchte. Er stammte aus Jena und hatte sieben Jahre auf der von der DDR betriebenen Georg-Forster-Station und im vormals sowjetischen, jetzt russischen Bellingshausen zugebracht.

Ich hatte mich schon oft gefragt, was Menschen im Vollbesitz ihrer körperlichen und geistigen Kräfte dazu bewegte, der Zivilisation den Rücken zu kehren und ihr geheiztes

Büro einzutauschen gegen einen Job am unwirtlichsten und entlegensten Ort der Welt, einen Job, der hauptsächlich aus Warten bestand: Warten auf das Kalben eines Gletschers oder das Blasen eines Blauwals, auf Nachschub an Lebensmitteln oder Nachrichten von zu Hause, auf die Lieferung eines fehlenden Ersatzteils oder eines dringend benötigten Medikaments. So besehen, ähnelte die Überwinterung in der Antarktis einem Spaziergang ins All, bei dem Astronauten mit überdimensionalen Werkzeugen hantierten, um ein Modul zu installieren oder Fugen am Hitzeschild eines Satelliten abzudichten. Was – abgesehen von der sportlichen und technischen Herausforderung – trieb diese Menschen an?

7

Obwohl ich aus der feindlichen Bundesrepublik kam, waren wir sofort per Du. »Wie reagierst du, wenn du bei vierzig Grad unter Null an die Reling greifst und deine Finger frieren fest?«, fragte Hans und öffnete den Reißverschluss seines Overalls. »Da hilft nur warmer Urin«, fuhr er fort, nestelte an seinem Hosenstall und pinkelte vor meinen Augen ins Waschbecken. »Hast du schon mal von der antarktischen Konvergenz gehört? Du hast sie, ohne es zu bemerken, letzte Nacht durchquert – deine grüne Gesichtsfarbe weist darauf hin. Weißt du, was ein Nunatak ist, ein Trockental oder ein katabatischer Wind? Nunataks sind bis zu 5 000 Meter hohe Berge, deren Felsspitzen wie Inseln aus dem Eismeer ragen, und Trockentäler sind windgeschützte Oasen, in denen sich wegen des Mikroklimas kein Eis bildet, aber auch kaum Leben entwickelt, abgesehen von kümmerlichen Flechten an den Unterseiten der Steine: die Schirmacher-Oase zum Beispiel, benannt nach ihrem ersten Entdecker, der in seinem von der *Schwabenland* katapultierten Flugzeug das Gebiet überflog und Hakenkreuzflaggen abwarf, um Neu Schwabenland einzugemeinden ins Dritte Reich. *Irrsinnig klare Bäche fließen durch dieses Wahnsinnstal*, schrieb Schirmacher in sein Bordbuch. Der katabatische Wind besteht aus extrem kalter Luft, die mit mehr als 300 Stundenkilometern aus dem Landesinnern zur Küste fegt, ein Eissturm, der unbekleidete Körperteile in wenigen Sekunden erfrieren lässt: Nur die auf dem Festland überwinternden Kaiserpinguine trotzen dem eisigen Wind und brüten, von einem Fuß auf den andern tretend, in wärmenden Bauchfalten ihre Eier aus.

Wusstest du, dass der durchschnittliche Niederschlag auf dem Südkontinent geringer als in der Sahara ist, dass es fast nie regnet oder schneit und dass es nicht nur einen, sondern fünf Pole gibt? Den geografischen Pol, Scott Base genannt, wo die Amerikaner eine ganzjährig bemannte Forschungsstation betreiben, den magnetischen Pol, der sich analog zum Magnetfeld der Erde verschiebt, den geomagnetischen Pol auf 75.05 Grad südlicher Länge und 111 Grad östlicher Länge, der zur Beobachtung des Magnetfelds dient, den Kältepol auf der russischen Station Wostok, wo mit minus 89,6 Grad Celsius die niedrigste Temperatur auf der Erde gemessen wurde, und den Pol der relativen Unzugänglichkeit, der die größte Entfernung zu allen Küsten und Kontinenten aufweist.«

»Genau da will ich hin!«

»Genau das hatte ich befürchtet!«

»Schon jetzt«, sagte Hans und stützte sich schwer atmend auf den Küchentisch, »schon jetzt ist King George Island vermüllt mit zerbeulten Ölkanistern und Plastikcontainern, die zu entsorgen wir als Wissenschaftler verpflichtet sind. Aber der Rücktransport leerer Konservendosen nach Rio, London oder Sankt Petersburg kostet viel Geld, und außer Greenpeace gibt es keine Instanz, die die Einhaltung des Antarktisvertrags überwacht. Vierzig Staaten haben das Madrider Protokoll unterschrieben, aber wer beseitigt die Spuren von Gabelstaplern, Lastwagen und Jeeps, deren Reifenprofile im Permafrostboden jahrelang sichtbar bleiben? Unsere Eselspinguine haben sich an die Nähe des Menschen gewöhnt, leben von Küchenabfällen und gehen ungeniert in den Wohncontainern ein und aus. Hier, sieh selbst!«

Hans öffnete die Tür und stieß einen an den Lockruf eines Entenjägers erinnernden Balz- oder Schnalzlaut aus. Ein Pinguin stolzierte herein, watschelte zielstrebig zur Kühltruhe, deren Deckel er mit einem gezielten Schnabelhieb aufklappte, und stahl ein in Plastikfolie geschweißtes Lachssteak aus dem Tiefkühlfach. »Eselspinguine fressen alles, am liebsten frischen Fisch, aber auch Ölsardinen und Corned Beef. Doch ich habe deine Frage noch nicht beantwortet. Du wolltest wissen, was mich in diesen Weltwinkel verschlagen hat.« Statt einer Antwort krempelte Hans die Hemdsärmel hoch und zeigte seine mit Narben gekerbten Unterarme.

»Weißt du, was Skuas sind? Raubmöwen mit Flügelspannweiten bis zu zwei Metern, die ich mit bloßen Händen gefangen und beringt habe! Das wichtigste Ereignis in meinem Leben war nicht der Fall der Mauer und die deutsche Wiedervereinigung, sondern die Tatsache, dass eine von mir beringte Skua in Grönland gefangen wurde. Damit hatte ich den Beweis erbracht, dass Raubmöwen auf ihren Vogelzügen von der Antarktis in die Arktis fliegen – und zurück. Das *Neue Deutschland* berichtete darüber, und ich erhielt eine Gehaltserhöhung, die nie zur Auszahlung kam, weil die DDR von der Bildfläche verschwand.«

»Und auf welchem Weg bist du hierher gelangt?«

»Mit einem sowjetischen Eisbrecher. In Südafrika, damals noch Feindesland, nahmen wir Zucker an Bord für selbst gebrannten Wodka, russisch *Samogon*, obwohl Herstellung und Konsum von Alkohol auf Polarstationen verboten sind. Vor der Ausreise hatte die Stasi mich auf Herz und Nieren überprüft, weil die Antarktis als kapitalistisches Ausland galt!«

Als ich aus der Tür des Containers trat, war draußen eine Begrüßungszeremonie im Gang, zu der ein Staatssekretär des Bundesministeriums für Forschung und Technologie und der Leiter des Alfred-Wegener-Instituts aus Bremerhaven nach Jubany gekommen waren. Der Luxusdampfer *Bremen*, auf Jungfernfahrt duchs südliche Eismeer, war in die Bucht eingelaufen, an deren anderem Ende das Forschungsschiff *Polarstern* ankerte, und ein Fernsehteam des

ZDF flog per Hubschrauber ein, um die Einweihung eines deutsch-argentinischen Forschungsprojekts zu filmen. Nach den offiziellen Festreden sprach der Bordpfarrer der *Almirante Irizar* ein kurzes Gebet, das ich ins Deutsche übertrug. Dann wurde aus Bremen mitgebrachter Sekt entkorkt, aber niemand hatte daran gedacht, dass es am Südpolarkreis keine Sektgläser gab. Eine Kaltfront brach herein, die Rotorblätter des Helikopters waren plötzlich vereist, und die hohen Besucher prosteten einander mit Pappbechern zu, bis der katabatische Wind sie in die nächste warme Stube trieb – oder muss es Wärmestube heißen?

8

Hans hat mir seine Gummistiefel geliehen und den kürzesten Weg zu den Brutstätten der Pinguine am anderen Ende der Bucht mit Rotstift skizziert. Aber die Fußwanderung ist beschwerlich, obwohl das leicht ansteigende und dann zum Meer abfallende Gelände auf den ersten Blick wie eine Heidelandschaft wirkt. So ähnlich muss die norddeutsche Tiefebene am Ende der letzten Eiszeit ausgesehen haben. Auf ihrem Weg zum Meer haben Gletscherzungen Mergel, Kies und Geröll aufgehäuft, durch das Schmelzwasser rieselt. Es gluckst unter den Schuhsohlen, der Boden unter dem gefrorenen Schnee ist butterweich, und ich sinke bei jedem Schritt tiefer in den Morast. Gleichzeitig werde ich von wütenden Raubmöwen attackiert, die ihre auf Hügelkämmen gelegenen Nester verteidigen. Alfred Hitchcock hätte hier, ohne gestellte Bilder und ohne optische Tricks, den Film *Die*

Vögel drehen können. Wie Stukas im Zweiten Weltkrieg greifen die Skuas in gestaffelten Formationen an und stoßen, Warnschreie krächzend, auf mich herab, zuerst das Männchen, dann das Weibchen, das mir mit gespreizten Schwimmhäuten eine Ohrfeige verpasst. Kaum habe ich mich vom ersten Schrecken erholt, fegen die beiden, um mich aus ihrem Revier zu vertreiben, aufs Neue im Tiefflug über mich hinweg. Mit fuchtelnden Armen setze ich mich gegen die Luftangriffe zur Wehr und schwenke, um ihren scharfen Schnäbeln und spitzen Fängen auszuweichen, Mütze und Handschuhe als Schutzschild über dem Kopf, aber durch den unfreiwilligen Aufenthalt versinke ich bis zu den Knöcheln und bald bis zu den Knien im Schlamm, aus dem ich mich nur mit Mühe befreien kann. Einer meiner Gummistiefel steckt im Morast, und ich baue aus Steinen ein Fundament, lege mich auf den Bauch und ziehe den mit Wasser gefüllten Schuh aus dem Sumpf. Über Sand- und Kiesbänke hüpfend, überquere ich ein Flussbett, den Spuren von Stiefeln folgend, deren Profil sich tief in den Moorboden eingeprägt hat.

Die Mühe hat sich gelohnt, denn als ich die letzte Skua-Attacke abgewehrt habe, liegt vor mir ein mit Walknochen übersäter Strand, der, so weit das Auge reicht, von Pinguinen wimmelt, mehr als 20 000, wie ich später erfahre: Rotschnabel- und Eselspinguine, so genannt wegen der heiseren Rufe, die sie ausstoßen, Adélie- und Zügelpinguine leben hier in getrennten Brutstätten auf engstem Raum zusammen – verirrte Jungvögel werden mit Schnabelhieben zu ihren Eltern zurückgejagt. Es stinkt wie in einer Menagerie:

Ich wate im Pinguinkot, der, rosa und lila verfärbt vom Krill, der Hauptnahrung der Vögel, über glitschige Steine rinnt und sich als Guano am Strand ablagert. Die Pinguine kennen keine Scheu vor Menschen, auch nicht vor Skuas, die ihre Nester ausplündern, Eier stibitzen und neugeborene oder kranke Tiere töten – als Gegenleistung vertreiben sie Raubvögel aus dem Revier und sichern so das Überleben der Kolonie. Männliche und weibliche Pinguine wechseln sich bei der Nahrungssuche ab, verfolgt von flauschigen Jungen, die ihre Eltern mit spitzen Schreien nerven, bis diese ihnen halb verdaute Portionen Krill in die gierig geöffneten Schnäbel würgen. Zwei Sturmschwalben streiten sich um einen von Seeleoparden ausgeweideten Adélie-Pinguin, und eine Raubmöwe zerrt einem Robbenbaby die Därme aus dem Leib.

Ich nehme in einer windgeschützten Felsnische Platz und ziehe meine nassen Gummistiefel und Socken aus, um sie an der Sonne zu trocknen. Dann schließe ich die Augen und lausche dem Piepsen und Fiepsen, an dem ein Pinguin unter abertausend Artgenossen seinen Partner und Nachwuchs erkennt. Das auf- und abebbende Rauschen der Brandung lullt mich ein, und es kommt mir so vor, als seien die Pinguine, die ohne Heizung und Nahrungsreserven im ewigen Eis überwintern, außerirdische Wesen und ein Beweis dafür, dass es intelligentes Leben auf der Erde gibt.

Als ich aus meinem Tagtraum erwache, stelle ich fest, dass die grauen Felsbuckel vor mir auf dem Strand See-Elefanten sind, die reglos auf Tangbetten dösen. Nur ab und zu räkelt sich eine der kolossalen Kühe und kratzt sich mit der Vorderflosse die Brust, aus deren Zitzen eine vorwitzige Skua Milch saugt. Als ich näher komme, schlägt die See-Elefantin ihr kugelrundes Auge auf, aus dem eine dicke Träne kullert, und mustert mich missbilligend von Kopf bis Fuß. Dann erhebt sich der Leitbulle, bläht seinen Rüssel zu imponierender Größe auf und trompetet wie ein Elefant. Auf diese Weise stellt der Strandmeister klar, wer in seinem Harem den Ton angibt.

9

Ich überspringe die nächsten Stationen, an denen das Schiff anlegte: Half Moon Bay, wo deutsche U-Boote im Zweiten Weltkrieg auftankten und wo Adolf Hitler im Sommer 1945 Zuflucht gesucht haben soll, um im ewigen Eis zu überwintern – anderen Gerüchten zufolge hält er sich in der Schirmacher-Oase versteckt, wo der Polflieger Richard Byrd nach dem Führer des Großdeutschen Reichs Ausschau hielt –, und Deception Island, wo Kreuzfahrttouristen bei Temperaturen unter null Grad im Meer baden – ein aktiver Vulkan macht's möglich. Noch heißer als der Vulkan war die Stationschefin Susana Tigre, die ihrem Namen Ehre machte, indem sie jeden Mann, der sich in die einsame Bucht verirrte, mit Haut und Haaren verschlang. Ich stand ihr Auge in Auge gegenüber und kann bestätigen, dass die Tigerdame nicht mit sich spaßen ließ. Kein Wunder, dass ihre erotischen Eskapaden Gesprächsstoff am Kapitänstisch waren, aber statt das Thema zu erweitern und zu vertiefen, lassen wir es bei der Drohung bewenden und begeben uns schnurstracks zum 66. Breitengrad, damit die von langer Hand vorbereitete Polartaufe endlich stattfinden kann.

Seit Tagen dröhnten Lautsprecherdurchsagen durch den Schiffskorridor, die allen Ungetauften Himmel und Hölle androhten, und im Bordfernsehen saß ein Inquisitionstribunal, dessen Geschworene Kapuzen mit Sehschlitzen trugen, über die Neulinge zu Gericht. Weil ich unentschuldigt dem Essen ferngeblieben war und über Witze gelacht hatte, die ich nicht verstand, wurde ich dazu verurteilt, mich als Gaucho zu verkleiden und den Anfang des argentinischen Nationalepos *Martín Fierro* aufzusagen – eine milde Strafe im Vergleich zu dem, was andere Passagiere erwartete. Ich besorgte mir einen Strohhut und eine Gitarre, knüpfte mir ein Handtuch um den Bauch, in das ich ein Brotmesser steckte, und deklamierte vor laufender Kamera Strophen des Gaucho-Poeten José Hernández, die ich über Nacht auswendig gelernt hatte:

Aquí me pongo a cantar
Al compás de la vigüela,
Que el hombre que lo desvela
Una pena estraordinaria,
Como la ave solitaria,
Con el cantar se consuela.

Cantando me he de morir,
Cantando me han de enterrar.
Y cantando he de llegar

Al pie del Eterno Padre:
Dende el vientre de mi madre
Vine a este mundo a cantar.

Radebrechend deklamierte ich die Verse, als hinge mein Leben davon ab, und zum Lohn für die schweißtreibende Arbeit durfte ich in Neptuns Gefolge auf der Ehrentribüne Platz nehmen. Was dann passierte, war eine Mischung aus Kindergeburtstag und Schwulenorgie: Einen *darkroom* gab es nicht, wohl aber dämmrige Schiffskorridore und gewundene Treppen, auf denen die Täuflinge Spießruten liefen durch Spaliere von Matrosen, die sie mit Fausthieben und Fußtritten malträtierten. Anschließend bekamen sie Haare und Bärte gestutzt, wurden in Bottiche mit Spülwasser getunkt, mit Sägespänen bestreut, mit Elektroschocks gepeinigt und mit verbundenen Augen zur Hinrichtung geführt, nackt und frierend unter Deck zusammengepfercht und auf das Kommando *Volles Rohr!* aus Feuerwehrschläuchen mit kaltem Wasser bespritzt. Hinterher küssten die Neophyten dem dienstältesten Kapitän, alias Neptun, die mit Senf und Ketchup bestrichenen Füße und ließen sich, Arm in Arm mit ihren Folterern, in Siegerpose fotografieren.

Auch mir blieb die peinliche Prozedur nicht erspart. Zusammen mit anderen Passagieren wurde ich in Sägemehl gewälzt und anschließend in schmutziges Spülwasser getaucht: *Teeren und federn* nannten die Witzbolde das, aber das Lachen blieb mir im Halse stecken, als ich mich an das Terrorregime der Militärs erinnerte, in dem Argentiniens

Marine eine führende Rolle spielte: Die Opfer der Torturen wurden, tot oder lebendig, aus Flugzeugen und Schiffen in den Südatlantik geworfen. Und während ich unter der kalten Dusche Sägespäne und Dreck aus den Haaren spülte, dachte ich an die Mütter der Plaza de Mayo, die sich Woche für Woche vor der Casa Rosada in Buenos Aires versammelten, um Auskunft über das Schicksal ihrer vermissten Angehörigen zu verlangen.

10

Die *Almirante Irizar* stieß tief ins Weddellmeer vor. Das Packeis, das Shackletons *Endurance* zum Verhängnis geworden war, hatten wir in weitem Bogen umschifft und näherten uns dem 75. Breitengrad, an dem eine Eisbarriere den Robbenfänger James Weddell im Winter 1823 zur Umkehr zwang. Weiter südlich, vor der Küste des Kontinents, öffnete sich im antarktischen Sommer eine Fahrrinne, durch die man zu der im Inlandeis gelegenen Forschungsstation Belgrano II gelangte, deren Vorgängerin, Belgrano I, mit einem kalbenden Gletscher im Meer versunken war.

Von nun an war das Eis der Hauptakteur meiner Geschichte: Schwamm es anfangs noch wie Fettaugen auf dem Meer, hatte es sich mittlerweile verdichtet von Eissuppe zu Eisbrei und von dort zu Pfannkucheneis, auf dem sich Sahnehauben wölbten, und weiter von sauber ausgestanzten Kuchenstücken zu Eisbomben und Eistorten, bei deren Anblick mir das Wasser im Mund zusammenlief. Dann kamen Tafeleisberge in Sicht, breit wie Fußballfelder und hoch wie gotische Kathedralen, von deren Türmen unaufhörlich Wasser rieselte, während die Fenster phosphoreszierend leuchteten, als würden im Innern bengalische Feuer abgebrannt. Verlagerte sich der Schwerpunkt eines dieser Giganten, der wie alles Eis der Antarktis aus vor Jahrmillionen gefrorenem Süßwasser bestand, drehte sich der Eisberg um die eigene Achse und löste eine Flutwelle aus, die ein Boot zum Kentern bringen konnte, bevor er seine mit Rotalgen bewachsene Unterseite nach oben kehrte. Je nach Alter und Konsistenz des Eises war die Oberfläche löchrig wie Schweizer Käse, rissig wie Parmesan oder wie Roquefort mit blaugrünem Schimmel marmoriert.

Auf den Schollen, die der Eisbrecher krachend ineinander schob, lagen fette Weddellrobben, die erst in letzter Sekunde, wenn die turmhohe Bordwand als todbringendes Verhängnis über ihnen schwebte, witternd die Köpfe hoben und blitzschnell zwischen scharfkantigen Eisbrocken ins Wasser glitten. Nicht immer gelang es den wie Formationsschwimmer auf- und abtauchenden Tieren, der Gefahr auszuweichen, und eine von der Schiffsschraube verletzte Robbe blieb blutend auf einer Eisscholle zurück: Ihre Überlebenschance war nahe null bei einer Wassertemperatur von minus einem und einer Lufttemperatur von minus 18 Grad.

Die Kaiserpinguine, allein oder zu zweit, wie es sich für regierende Monarchen geziemt, übersahen absichtlich, wie es schien, das im Südpolarmeer gestrandete *Raumschiff Enter-*

prise und setzten mit unter den Frackschößen verschränkten Armen ihre einsamen Wanderungen fort. In eisfreien Tümpeln tauchten Buckel- und Minkwale zum Atemholen auf und bliesen meterhohe Gischtfontänen in die Luft. Und Gustavo, der mit Teleobjektiv bewehrte Ornithologe auf der Brücke, hatte alle Hände voll zu tun, um Schwärme von Seevögeln zu bestimmen, die den Walen den Krill wegschnappten: *Petrel blanco – Pagodroma nivea*, schrieb er in mein Notizbuch und erzählte, der gegen den Uhrzeigersinn wehende Wind lenke Zugvögel von ihren Flugrouten ab – schon mehrmals habe er verendete Flamingos auf Eisschollen liegen sehen.

Dann war auch das zu Ende. Die *Almirante Irizar* nahm Anlauf, ihr Bug hob sich so hoch, dass die Whiskyflaschen aus den Spinden fielen, und schob sich knirschend aufs Eis, das von Tag zu Tag kompakter geworden war. Die Eisdecke hielt, kein Beben erschütterte sie, keine Bruchkante lief im Zickzack über sie hinweg und füllte sich mit Salzwasser, in dem das Eis in Schollen abtrieb und in Strudeln versank, um kurz darauf glucksend wieder aufzutauchen. Die Stunde der Wahrheit war gekommen, und wie in alten Seefahrerromanen saß die *Almirante Irizar* im Packeis fest.

11

»Das Eis der Arktis unterscheidet sich fundamental von dem der Antarktis«, sagte General Leal, der einzige Offizier an Bord, der beide Regionen besucht hatte und schon an seinem eisgrauen Schnurrbart als graue Eminenz der Polarforschung erkennbar war. »Es gibt junge und alte Eisfelder, und beide haben die unangenehme Eigenschaft, nie zur Ruhe zu kommen oder völlig stillzustehen, auch wenn es dem ungeübten Auge anders erscheint. Von Strömungen, Sturm und Wellen bewegt, stoßen sie mit Getöse gegeneinander, zerbersten in verschieden große Teile oder schieben sich, der Trägheit der Masse gehorchend, ineinander, um zu Eisbergen zu verklumpen, die der vom Festland wehende Wind ins offene Meer hinaustreibt. Bläst der katabatische Wind mehrere Tage lang, öffnet sich im Weddellmeer, am Westrand des Filchner-Eisschelfs, ein Kanal, der in den Sommermonaten schiffbar ist.«

Es gebe zwei Methoden, das Packeis zu durchbrechen, fuhr der Senior der Antarktisforschung fort. Nähere sich die *Almirante Irizar* von offener See aus einem geschlossenen Eisfeld, fahre man die Geschwindigkeit auf vier bis sechs Knoten herunter, um Vibrationen des Schiffsrumpfs und Beschädigungen der Schrauben zu vermeiden, ganz zu schweigen vom Risiko einer Kollision. Dadurch sinke der Energieverbrauch, die Maschinen überhitzten sich nicht, und die Bordwand sei weniger starken Belastungen ausgesetzt, da die Eisdecke nicht auf einen Schlag, sondern langsam aufbreche und abdrifte.

Trifft das Schiff dagegen auf mehrere Meter dickes Packeis, wird die zweite, riskantere Methode angewandt: Die *Almirante Irizar* setzt zurück, nimmt Anlauf und fährt mit voller Kraft aufs Eis, wobei der Bug sich immer höher schiebt, so lange, bis die Eisdecke unter dem Druck aufplatzt. Dann wird der Rückwärtsgang eingelegt, und das Schiff kreuzt im Zickzack zwischen Backbord und Steuerbord, um die Öffnung auszuweiten und zu verhindern, dass die Fahrrinne zufriert. »Die Gefahr liegt darin«, mit diesen Worten beschloss der General sein extemporiertes Kolleg, »dass die *Almirante Irizar* bei diesem Manöver wie ein gestrandeter Wal aufs Packeis gleiten, seitlich ausscheren und umkippen kann: Auf diese Weise haben wir 1989 den Eisbrecher *Bahía Paraíso* verloren – um eine Ölpest zu verhindern, mussten wir alles Kerosin abpumpen, was eine Million Pesos kostete!«

Zur Ablenkung von solch unerfreulichen Gedanken – Meerwasser gefriert bei minus 2,2 Grad, und wer über Bord fällt, stirbt auf der Stelle an Herzversagen oder Atemnot – fanden im *comedor de los comandantes* Festessen statt, bei denen die ausländischen Gäste sich als Hobbyköche betätigten. Mit Kochmütze und Schürze servierte ich ein von mir zubereitetes, ostwestdeutsches Wiedervereinigungsmenü, bestehend aus Gulasch, Rotkohl und Salzkartoffeln, während der Bug sich hob und senkte und riesige Eisblöcke an der Schiffswand entlangschrammten, dumpf tönend und widerhallend wie die Posaunen des Jüngsten Gerichts.

12

Nicht einen oder zwei – zehn Tage lang trat die *Almirante Irizar* auf der Stelle und fuhr in einem immer enger werdenden Wasserloch im Kreis herum, während die Sonne wie eine Flipperkugel über den Horizont rotierte: Nicht das Heilige Römische Reich Karls V. – das Südpolarmeer war das Reich, in dem die Sonne nie unterging.

Die Stimmung war gereizt. Die Kapitäne versammelten sich zum Konklave auf der Kommandobrücke, und die Frage, ob das Schiff Kurs nach Norden oder Süden nahm, zum antarktischen Festland oder ins offene Meer, wurde zuerst ungnädig und dann überhaupt nicht mehr beantwortet. »Ich bin enttäuscht«, sagte Fregatte hoch zwei, der ranghöchste Offizier an Bord: »Als Reiseschriftsteller sollten Sie wissen, dass die kürzeste Verbindung zwischen zwei Punkten nicht immer eine gerade Linie ist!«

Vergeblich warteten wir auf den katabatischen Wind, der die Eisdrift auslösen sollte. Stattdessen kam von Argentiniens Erbfeind, der HMS *Endurance*, die ebenfalls im Packeis festsaß, über Funk die Nachricht, eine Wetterbesserung sei nicht in Sicht, und alles sehe nach verfrühtem Wintereinbruch aus. Die fünfzig Seemeilen nahe Forschungsstation Belgrano II war plötzlich in unerreichbare Ferne gerückt. Entsprechend gedrückt war die Stimmung: Die Meterologen machten lange Gesichter, und Mario, ein Ozonforscher aus Rom, überließ mir sein Spektrofotometer, kurz *brewer* genannt, zu treuen Händen für den Fall, dass ihm unterwegs etwas zustoßen sollte. Aber Mario kehrte gesund und wohlbehalten nach Italien zurück, und an seiner Stelle hat es mich erwischt. Beim Jogging auf dem Helikopterlandeplatz rutschte ich auf einer gefrorenen Pfütze aus. »Endlich ein Ereignis, das die Routine durchbricht«, dachte ich, während ich über das spiegelglatte Deck auf die Bordwand zuglitt, unter mir das in der Kälte dampfende, bleigraue Meer, mit silbrigem Eis gesprenkelt. Wie in einem Kolportageroman sah ich Sterne, und diesmal war ich mir sicher, dass es das Kreuz des Südens war, bevor ich vor Schmerzen die Besinnung verlor.

Als ich aus der Narkose erwachte, hatte Lucio, der freundliche Bordarzt, meine aus dem Gelenk gesprungene Schulter wieder eingerenkt – bei minus 20 Grad splittern menschliche Knochen wie Porzellan. Der rechte Arm tat so weh, dass ich weder schreiben noch lesen konnte, und nach einwöchiger Rekonvaleszenz brachte ein Transporthubschrauber mich zu Argentiniens Erbfeind Nummer zwei auf die chilenische Station Teniente Marsh. Von dort flog ich mit einer Herkules-Militärmaschine über Río Gallegos nach Buenos Aires zurück.

Es hätte schlimmer kommen können, und man hatte mich vorgewarnt: Joggen auf dem Helikopterdeck war verboten, und wer sich in Gefahr begab, kam darin um. So besehen hatte ich Glück im Unglück gehabt, doch mein selbst gesetztes Ziel, den Pol der relativen Unzugänglichkeit, hatte ich nicht erreicht, und schuld daran war nicht das Wetter, sondern meine persönliche Unzulänglichkeit. Der virtuelle

Ort liegt auf halbem Weg zwischen der Schirmacher-Oase und der russischen Station Wostok (Kältepol). Die im Expeditionsshop gekaufte Polarausrüstung hatte ich nie benutzt, denn im antarktischen Sommer war es weniger kalt als letzten Winter in Berlin – ob das am Klimawandel oder am Ozonloch lag, weiß ich nicht.

13

Auf der *Almirante Irizar* gab es keine Frauen – theoretisch nicht, denn in der Praxis wurden Ausnahmen gemacht. Die blonde Assistentin des Bremer Glaziologen, deren draller Busen Dauerthema am Kapitänstisch gewesen war, ging in Half Moon Bay von Bord, um die Unterseite von Eisbergen zu erforschen, und Susana Tigre, die Stationschefin von Deception Island, lasse ich der Einfachheit halber weg, denn in ihrem plumpen Overall sah sie weniger aufregend aus, als sie den Männern in ihrer überhitzten Phantasie erschien. Dafür kam Ersatz in der Person einer Zahnärztin, die von der HMS *Endurance* via Helikopter einflog, als Fregatte hoch zwei den Belastungen seines Jobs nicht mehr gewachsen war und im Packeis Zahnweh bekam. Dass ausgerechnet der Erbfeind England in Gestalt einer attraktiven jungen Ärztin dem Kapitän einen Weisheitszahn zog, war ein schwerer Schlag für Argentiniens ohnehin angeknackstes Nationalgefühl.

Als die Zahnmedizinerin dem Hubschrauber entstieg, war Roxana schon nicht mehr an Bord. Sie hatte Psychoanalyse studiert, eine Wissenschaft, die jüdische Emigranten aus

Nazideutschland nach Buenos Aires gebracht hatten, der passende Beruf für eine Eissphinx mit Mona-Lisa-Lächeln und strahlenden Augen, die je nach Beleuchtung anthrazitgrau oder smaragdgrün schimmerten. Roxana hieß die orientalische Märchenprinzessin, die statt eines Hermelinmantels einen Anorak mit Pelzkragen trug; ihre Eltern waren vor dem Bürgerkrieg in Beirut nach Argentinien geflohen und hatten ihre Tochter nach der Frau Alexanders des Großen benannt, die der Welteroberer mit seinen Lustknaben betrog.

Roxana war unterwegs nach Belgrano II, um das Verhalten von Wissenschaftlern unter extremen Bedingungen zu studieren – die Überwinterung in der Antarktis war Teil ihres Forschungsprojekts. Zu diesem Zweck notierte sie alles, was ihr aufschreibenswert erschien, zum Beispiel die Lautsprecherdurchsage, dass die Divisionen *Charlie*, *Echo* und *Foxtrott* sich donnerstags, die Divisionen *Quebec*, *Sierra* und *Tango* freitags in der Wäscherei einfinden sollten. Wozu die Codenamen, und warum interessierte sie das? Dass Roxana sich lieber mit den Mannschaften unterhielt, als den Gesprächen der Offiziere zu lauschen, machte sie verdächtig in den Augen der *comandantes*, deren Kenntnis der Psychoanalyse notorisch unterentwickelt war. Dahinter vermuteten sie eine subversive Wissenschaft, die das Militärregime durch verschärfte Verhöre, sprich Folter unterbunden hätte.

»Als ich in Scott Base überwinterte«, sagte General Leal, »gab es dort zwar einen Zahnarzt, aber keinen *shrink*, wie die Yankees den Seelendoktor nannten. Dabei hätten unsere Schlittenhunde psychologische Betreuung gebraucht, denn sie waren *unruly*, wie man auf Englisch sagt.« Was den Senior der Polarforschung irritierte, war die Tatsache, dass Roxana am Kapitänstisch erzählte Witze mitschrieb, deren Zielscheibe ein aus Tucumán stammender Offizier war – wie das Wort Ostfriesland rief schon der Name der Andenprovinz Gelächter hervor. Hier ein Auszug aus einem von Roxana aufgezeichneten Gespräch.

Fregatte hoch zwei: Comodore Fuster, der sonst nur Mineralwasser trinkt, hat Whisky aus dem Kühlschrank gestohlen. Er scheint einen Nachschlüssel zu besitzen, denn der Kühlschrank war abgeschlossen.

Baliño (Tucumán): Ein unerhörter Vorgang – ich verlange eine Untersuchung!

Fuster: Anders als die Tucumaños klauen wir Porteños mit Köpfchen, nicht mit der Hand. Wir erleichtern die Reichen, um den Armen zu helfen – wie Robin Hood!

General Leal: Die Inkas kannten nur drei Gebote: Du sollst nicht töten, du sollst nicht lügen, du sollst nicht stehlen. Wer eins der drei übertrat, wurde einen Kopf kürzer gemacht. Heute gibt es einen Wust von Gesetzen, aber keine Ordnung mehr. Ich plädiere für scharfes Durchgreifen!

Fregatte hoch zwei: Ich schließe mich dem Plädoyer an.

Baliño: Ich auch. Hoch lebe das alte Inkareich!

Es war mehr als nur vorübergehende Verliebtheit, die mich an Roxana band, obwohl nichts Nennenswertes geschah, während wir über das Helikopterdeck spazierten, argwöhnisch beobachtet vom Kapitän auf der Kommandobrücke, der sein Fernglas zu Hilfe nahm, damit ihm kein Detail unserer Schäferstunden entging, die damit endeten, dass wir wie Eskimos die Nasen aneinander rieben, nachdem wir lange genug auf das siedende Meer geblickt hatten. Salzwasser gefriert bei minus 2,2 Grad, wie gesagt, und es wallt wie Teewasser auf, ehe es vom flüssigen in festen Zustand übergeht. Auch ich stand kurz vor dem Siedepunkt, als ich Abschied nahm von Roxana, an deren von der Kälte geröteter Nase ein Tropfen zitterte. Vielleicht war es eine Träne, die auf das Kalenderblatt fiel, das sie mir in die Hand drückte, bevor sie den Helikopter bestieg, der sie zusammen mit dem Architekten Bruno nach Belgrano beförderte. Der Salztropfen hat die mit Tinte geschriebenen Buchstaben verwischt, aber der Text ist noch gut lesbar auf dem vergilbten Blatt, das mir aus meinem Ringbuch entgegenfällt:

El destino es una excusa
Nuestro viaje no tiene destinos
Nos vamos haciendo imperceptiblemente
Una mirada, una bella palabra
(como las tuyas): esos son nuestros destinos.

Y ahora el universo se repliega
Sobre nuestra nave
Y nuestras vidas navegan en el inmenso mar

De las incognitas eternas
Como el oleaje que viene y va.

Ich weiß bis heute nicht, ob das Kitsch oder Kunst ist (oder beides zugleich) und ob Roxana die Verse gedichtet oder irgendwo abgeschrieben hat. Sicher ist nur, dass sie nicht aus dem Gauchoepos *Martín Fierro* stammen. Mit fiebernder Stirn las ich Roxanas Gedicht und beantwortete es auf der Stelle mit einem Flammen schlagenden Liebesbrief, der mit einer Ladung tiefgekühltem Rindfleisch über Belgrano abgeworfen wurde und wirklich seine Adressatin erreichte, wie ich Monate später erfahren sollte.

Eisbrecher sind keine Herzensbrecher, aber das ist noch nicht alles, was zu dem Thema zu sagen ist, denn es gab einen *darkroom* an Bord, dessen Existenz der Geheimhaltung unterlag und von dem ich erst gegen Ende meiner Reise erfuhr. Der *darkroom* lag neben dem Maschinenraum und wurde von der Abwärme eines Dieselaggregats auf tropische Temperaturen erhitzt. Das winzige Kabuff, spartanisch möbliert mit einer Pritsche, einem Wasserkübel und einer Bürste, diente als Sauna, deren Besuch höheren Offizieren vorbehalten blieb. Ich musste mich in eine Liste eintragen und bekam von einem Steward Handtuch und Seife ausgehändigt, aber zu meiner Überraschung war die Sauna von einem Matrosen besetzt, der nicht hierher gehörte. Er räkelte sich auf der Pritsche, als sei das eine Selbstverständlichkeit, und kehrte mir seinen muskulösen Rücken zu, dessen Tätowierung – eine von Ankertauen umschlungene Seejungfrau – mir bekannt vorkam. Das Bild war mit Nadelstichen, die höllisch geschmerzt haben müssen, in die Haut geätzt worden, und dabei fiel mir ein, dass Adonis – so hieß der Matrose, und so sah er auch aus – bei der Polartaufe mit einem Gummischlauch verprügelt und mit einem Besenstiel vergewaltigt worden war. Das munkelte man am Kapitänstisch, und weil der Täter einer der *comandantes* war, wurde die Sache nicht weiter verfolgt. Als Geste guten Willens hatte man ihm die Benutzung der Sauna erlaubt, und im Gegenzug hatte der Matrose sich zum Schweigen verpflichtet.

An diesem Tag aber war Adonis ungewöhnlich redselig und teilte mir unter dem Siegel der Verschwiegenheit mit, er sei Mitglied der kommunistischen Partei.

»Wie bitte?«

»Ja, Sie haben richtig gehört. Ich bin Kommunist, und ich habe Vertrauen zu Ihnen, seit ich Sie mit Roxana reden sah, die zwar keine Genossin unserer Partei, aber Sympathisantin ist. Das dürfen Sie auf keinen Fall weitersagen, sonst gefährden Sie Roxana und mich.«

»Und wie haben Sie die Militärherrschaft überlebt?«

Die Glühbirne flackerte, das Licht erlosch. Die Blackouts häuften sich, seit die *Almirante Irizar* im Packeis eingeschlossen war, und Adonis lachte leise in der Dunkelheit.

»Das war kein Problem. Die Militärjunta verfolgte unsere politischen Gegner, Trotzkisten, Monteneros und wie sie alle hießen, aber die KP blieb ungeschoren, weil Argentinien der UdSSR Weizen lieferte und Waffen von dort bekam. Eine Hand wäscht die andere, verstehen Sie?«

Das Licht ging wieder an, und hinter einem feucht beschlagenen Bullauge sah ich das Gesicht von Fregatte hoch zwei, der, die Nase an die Scheibe gepresst, ins Innere der Sauna spähte.

»Und die Verschwundenen, die Gefolterten?«

»Was ich nicht weiß, macht mich nicht heiß!«

»So redet kein Kommunist – Sie sind ein Agent provocateur!«

»Soll ich es Ihnen beweisen?«

Adonis schlug ein Handtuch zurück, das er züchtig über den Unterleib gebreitet hatte, und entblößte seinen wohlgeformten Hintern. Ein Stempel mit der Aufschrift CERTIFIED BEEF – MADE IN ARGENTINA war auf die rechte Arschbacke tätowiert, der mit kyrillischen Buchstaben geschriebene Slogan PROLETARIER ALLER LÄNDER VEREINIGT EUCH auf die linke.

ZWEITES BUCH: ICH TARZAN, DU JANE

FÜNFTE NACHT:
HÔTEL DE LA POSTE, SAINT LOUIS, SENEGAL

»Voulez-vous coucher avec moi?«
(Patti LaBelle: *Lady Marmalade*)

1

Mein Name ist El Hadj Sahib Toubab Mister Doktor h. c. H. C. Ph. D. m. d. B. Busch, aber meine afrikanischen Freunde nennen mich einfach nur Boss oder Chef, seit ich beim Grenzübertritt von Ghana nach Togo, oder war es an der Grenze zwischen Mali und Niger, in Gao vielleicht, nicht zu verwechseln mit dem indischen Goa, nach langem Warten im Stau, mit laufendem Motor, in den ich ständig Kühlwasser nachfüllen musste, denn der Luftfilter meines Peugeot war durch anfliegende Insekten verstopft, genervt durch die afrikanische Hitze, die den Asphalt zum Kochen brachte, und die nicht minder afrikanische Bürokratie, als Berufsbezeichnung das Wort *Chef* in das mir vorgelegte Einreiseformular schrieb. »Chef?«, fragte der Major der malischen Armee, der mit stumpfem Bleistift die Angaben der Reisenden in ein zerfleddertes Schulheft übertrug – wie er mir erzählte, hatte er bei den Pères Blancs in Timbuktu lesen und schreiben gelernt und anschließend in Mopti das französische Lyzeum besucht, bevor er in Bamako in die Militärakademie eintrat. »Chef de quoi?« – »Chef de tout«, sagte ich, ohne eine Miene zu verziehen, und der Major gab seinen Untergebenen Befehl, die Schranke zu öffnen, die die Republik Mali von der Nachbarrepublik Niger trennt. »Habt ihr nicht gehört«, schrie er den verdutzten Soldaten zu, die im Schatten der Wellblechbaracke stumpf vor sich hin dösten: »Hier kommt der Chef, der Chef von allem hier!« Die Soldaten der malischen Armee sprangen erschrocken auf und nahmen Haltung an, und der Major legte die Hand an die Mütze und wünschte mir gute Fahrt, wobei er lächelnd ein Auge zusammenkniff.

Ich war seit mehreren Monaten auf dem schwarzen Kontinent unterwegs, und auf jeder Station meiner Reise von Nouakschott nach Namibia hatte ich mir neue Namen und Titel zugelegt, denn, wie Fürst Pückler treffend bemerkt, gilt ein Reisender in Afrika nur so viel, wie er oder sie sich geltend macht. Aber ich will die Geschichte von Anfang an erzählen, so wie sie sich wirklich zugetragen hat. Genau genommen handelt es sich um zwei Geschichten, die wie siamesische Zwillinge miteinander verquickt sind, nach dem Motto, dass zusammenwächst, was zusammengehört. Die erste Geschichte heißt *Die Prinzessin mit den goldenen Sandalen* und beginnt im Mai 1987 in der Freien und Hansestadt Hamburg.

2

WELCOME TO HAMBURG – BIENVENUE À HAMBOURG – BIENVENIDO EN HAMBURGO stand auf der Mappe mit den Tagungsunterlagen, die die Rezeptionistin des Hotels Atlantic mir beim Einchecken aushändigte. Der internationale PEN hatte mich zu seinem ich-weiß-nicht-wie-vielten Kongress in die Hansestadt eingeladen. Die Abkürzung PEN stand für *Poets, Essayists, Novelists*, aber Dichter waren unter den Delegierten so dünn gesät wie Essayisten oder Romanciers; stattdessen prallten pensionierte Politiker und emeritierte Professoren, Nachrichtenschreiber und Nachrichtensprecher, Restaurateure und Restauratoren in der Drehtür des Hotels aufeinander, deren rotierende Glaswände die von drinnen nach draußen und von draußen nach drinnen drängenden Gäste wie ein Cocktailshaker durcheinanderwirbelten – ein passender Vergleich, denn die aus aller Herren Länder angereisten Delegierten waren so bunt gemischt wie die Cocktails, die auf Silbertabletts von Kellnern kredenzt wurden: Bloody Mary, Piña Colada, Daiquiri, Margarita, Sundowner und wie sie alle hießen. Die Farbtupfer der Cocktails leuchteten wie in Sektkelchen schwimmende Orchideen aus einem Urwald wild oder dezent gemusterter Krawatten, Seidenhemden, Abendkleider und Jeans hervor, überstrahlt von in allen Regenbogenfarben schillernden Nationaltrachten aus den entlegensten Ecken der Welt. Die Königin des Kongresses, die, in einen bestickten Boubou gehüllt, dessen Saum sie wie eine römische Kaiserin über den Boden schleifen ließ, aller Blicke auf sich zog, war Igname Seck N'Backé, von den Delegierten

African Queen genannt, eine Dichterin vom Volk der Wolof, deren Pharaonenprofil auf ihre noble Herkunft verwies – sie stammte, wie man hinter vorgehaltener Hand munkelte, aus einer der führenden Familien des Senegal und war mit dessen Dichter-Präsidenten Léopold Senghor weitläufig verwandt – kein Wunder, denn ganz Westafrika ist in eine nicht enden wollende Sexualorgie verstrickt, und alle tonangebenden Persönlichkeiten sind miteinander verschwägert oder versippt. Die Organisatoren des Kongresses hatten mich gebeten, Igname Seck N'Backé während ihres Aufenthalts in Hamburg als Dolmetscher zu betreuen, eine Ehrenpflicht, die mir mehr Last als Lust zu versprechen schien, bis ich der African Queen Auge in Auge gegenüberstand.

Die Fotografin Isolde Ohlbaum hat das historische Zusammentreffen im Bild festgehalten, aber auf dem Schwarz-Weiß-Foto, das sie mir später zuschickte, ist nicht viel zu sehen, entweder weil ich einen zu hellen Anzug trug oder weil Ignames blauschwarze Haut an diesem Tag noch mehr Dunkelheit verbreitete als sonst; das Bild ist unter- oder überbelichtet, und je nachdem, wie lange die Fotografin es in der Entwicklerflüssigkeit liegen lässt, tritt die African Queen oder trete ich auf dem Abzug deutlicher hervor, während der oder die *Andere* – ein zentraler Begriff der postkolonialen Theorie – sich in Licht oder Schatten auflöst. Zwar war ich mir der historischen Bedeutung des Augenblicks bewusst, aber statt »Bienvenue à Hambourg« sagte ich die beiden einzigen Wolof-Wörter, die ich auf der Dakar vorgelagerten Insel La Gorée gelernt hatte: »Nanga deff«, worauf

Igname »mangi ferek« sagte und zwei Reihen blitzender Zähne entblößte, deren Widerschein mich geblendet zurücktaumeln ließ.

Von nun an war es geschehen um mich, und statt das Begrüßungsritual fortzusetzen, das bis zu einer halben Stunde dauern kann – so viel Zeit vergeht, bis ein Wolof aus guter Familie sich nach dem Befinden aller Angehörigen ersten, zweiten und dritten Grades seines Gegenübers erkundigt hat –, stammelte ich nur »djöre djöff«, was so viel wie »danke schön!« bedeutet. Ich muss über und über rot geworden sein, und die African Queen vergrößerte meine Verwirrung, indem sie den in Frankreich üblichen Begrüßungskuss auf meine Wange hauchte, eine flüchtige Berührung, bei der das nach Zucker und Zimt duftende Aroma ihrer Haut mir vollends den Verstand raubte. Bevor ich mich von dem Schock erholt hatte – ich bin von Hause aus scheu und Frauen gegenüber gehemmt –, nahm sie mich an der Hand und führte mich durch die Drehtür, deren rotierende Bewegung uns wie eine Zentrifuge aneinanderpresste, nach draußen – nicht ins Bett, wie ich hoffte (ich hätte auch mit einem Sofa oder einer Liege Vorlieb genommen), sondern in ein Schuhgeschäft auf der Mönckebergstraße, das in meiner Erinnerung *Bally* hieß. Hier probierte sie zwei Dutzend Damenschuhe an, jedes Paar teurer als das andere, und entschied sich nach quälend langer Bedenkzeit für goldene Sandalen, die ich bezahlen musste und die sie als Symbol ihrer Königinnenwürde beim Empfang des Ersten Bürgermeisters trug. Bevor ich fortfahre, muss ich betonen, dass die Geschichte erfunden ist und Ähnlichkeiten mit realen Personen ausgeschlossen sind.

3

Drei Monate später landete ich zu nachtschlafender Zeit auf dem Fughafen von Dakar, der Hauptstadt des Senegal. Es war vier Uhr früh, 28 Grad Celsius, die Klimaanlage funktionierte nicht, und ich hatte meinen Impfpass vergessen. Die Gesundheitspolizei hätte mich unter Quarantäne gestellt, hätte mein Freund, der Schriftsteller Breyten Breytenbach, mir nicht den Impfschein eines hochrangigen ANC-Funktionärs zugesteckt, der mit seinem britischen Diplomatenpass unkontrolliert die Sperre passierte. Der ANC-Mann – sein Name tut nichts zur Sache – avancierte später, nach Abschaffung der Apartheid, zum Staatschef der Republik Südafrika – aber ich eile den Ereignissen voraus. Breytenbach, der wegen seiner Kritik am Apartheidregime acht Jahre im Zuchthaus gesessen hatte – ähnlich wie Nelson Mandela, doch ohne dessen internatioale Resonanz –, hatte mich eingeladen, an einem Treffen des ANC mit Vertretern der südafrikanischen Opposition teilzunehmen, weiße Liberale genannt. Das Adjektiv *liberal* war unter Linken ein Schimpfwort, und als parteiloser Beobachter stand ich im Verdacht, ein CIA-Agent oder BND-Mann zu sein, der nach Dakar eingeschleust worden war, um die Kämpfer des ANC den südafrikanischen Behörden ans Messer zu liefern.

Wir fuhren im Bus in die Stadt, vorbei an Obdachlosen und Prostituierten, die, in Hauseingänge gekauert, schliefen, und es dauerte lange, bis ich dem Sicherheitsdienst des ANC klargemacht hatte, dass mein Impfpass keine Fälschung war, sondern eine Leihgabe, die ich dem rechtmäßigen

Besitzer zurückerstatten wollte. Das Misstrauen war berechtigt, denn das unter der Schirmherrschaft von François Mitterand stehende Treffen war geheim und fand unter Ausschluss der Öffentlichkeit statt - die Regierung in Pretoria hatte die Teilnehmer vor strafrechtlichen Konsequenzen gewarnt, und im Vorfeld der Konferenz hatte es Anschläge auf ANC-Leute und Morddrohungen gegen weiße Liberale gegeben.

4

»Bonjour, blanc - donne-moi mille francs«, sagte ein Typ mit Rastalocken, der mit seiner Wollmütze und Ray-Ban-Brille wie ein afrikanischer Skispringer aussah, als ich eine Stunde später, geduscht und rasiert, aus der Drehtür des Novotels auf die Straße trat. - »Non, je ne te donne rien.« - »Tu es un raciste!« - Ich war auf der Suche nach einem Fotoautomaten, um Passbilder für die Akkreditierung zu machen, und nicht darauf vorbereitet, so früh am Morgen Opfer einer Aggression zu werden. Der an der Kreuzung postierte Polizist schaute gelangweilt in die Luft, und der Portier des Novotels zog die Tür hinter sich zu, während der Rastatyp seinem hinter einer Platane versteckten Komplizen ein Zeichen gab, der mit gezücktem Klappmesser auf mich zu trat - vielleicht hatte er auch einen Schlagring in der Faust. Die Gefahr machte mich beredt, denn trotz der frühen Morgenstunde hielt ich eine improvisierte Ansprache, um das Inkommensurable kommensurabel zu machen, wie Derrida sagen würde - *la différance* (mit a statt mit e) heißt der Fachausdruck dafür. »Ich bin kein Rassist, sondern Deutscher«, erklärte ich mit einem Überschwang, der den Mangel an Logik wettmachen sollte: »Mein Name ist Hassan, und ich möchte wissen, wer die Nummer eins von euch Gangstern ist, denn ich rede nur von Chef zu Chef!«

Die Antwort war ein Wortwechsel: Jeder der beiden wollte die Nummer eins sein, und erst als sie Einigung darüber erzielt hatten, dass nicht der Messerstecher, sondern der Mann mit den Rastalocken der Gangsterchef war, setzte ich meine Ansprache fort. Sie stünden vor der Wahl, sagte ich sinngemäß, mir das bisschen Bargeld zu rauben, das ich bei mir trüge – bei diesen Worten wedelte ich mit meinem leeren Portemonnaie –, oder mir bei der Akkreditierung zu helfen und, sofern sie dies wünschten, für mich zu arbeiten. Und ich zog einen Zettel aus der Tasche, auf den Igname Seck N'Backé mit lateinischen und arabischen Buchstaben ihren Namen und ihre Adresse gekritzelt hatte.

5

Eine halbe Stunde später sprang ich in einem Vorort von Dakar vom Rücksitz des von dem Rastamann gesteuerten Motorrollers; sein Komplize, der Messerstecher, war in der Stadt geblieben, um das Formular mit meinen Passfotos im Büro des ANC zu hinterlegen. Die asphaltierte Straße mündete in eine Sandpiste: links und rechts Lehmhütten ohne Fenster, kubistische Quader und Würfel, wie von Paul Klee gemalt, überragt vom Minarett einer Moschee, deren Lautsprecher den Ruf zum Morgengebet über die Dächer trug. Oder war es das Mittagsgebet? Ich hatte Schweißflecken unter den Achseln und presste mir ein Taschentuch vor die Nase zum Schutz vor dem Staub. Oder war es der Kloakengeruch aus einem offenen Abwasserkanal? So hatte ich mir den Palast einer Märchenprinzessin nicht vorgestellt – das bessere Viertel glich eher einem Slum.

David – so hieß der Typ mit den Rastalocken – klopfte an eine frisch gestrichene Tür, auf die jemand eine Sure oder einen Hadith gekritzelt hatte, um Unglück oder den bösen Blick abzuwenden. Eine Ewigkeit verging, ehe sich ein Guckloch öffnete, durch das ein dunkles Augenpaar mich musterte. Die Tür wurde einen Spaltbreit geöffnet, und eine mit Goldringen geschmückte Frauenhand nahm meine Visitenkarte in Empfang. Ich ging im schmaler werdenden Schatten auf und ab, während David auf einem Mauerrand saß und seinen an die Hauswand gelehnten Motorroller nicht aus den Augen ließ. Das Tor wurde entriegelt, und ein schwarzer Arm zog mich in einen von Bougainvilleen umrankten Innenhof, in dem Wasser plätscherte, passend zum Garten Eden, dessen mit Scherben gespickte Mauer, blitzend wie das Flammenschwert eines Erzengels, Fremden den Zutritt verwehrte. Aber nicht die Prinzessin mit den goldenen Sandalen erwartete mich, der zuliebe ich die beschwerliche Reise unternommen hatte, sondern ihre Halbschwester oder Schwägerin – die Familienverhältnisse der Senegalesen waren und sind ein Buch mit sieben Siegeln für mich.

Igname sei zu einer Pilgerfahrt nach Touba aufgebrochen, sagte die Schwester oder Schwägerin in einer Mischung aus Französisch und Wolof, und werde demnächst heiraten; Touba sei das arabische Wort für Glück, und sie wolle den Segen des Kalifen erflehen für sich und ihren künftigen Ehemann.

»Und wer ist der Kalif?«

»Ein wundertätiger Marabut, den die Gläubigen als Heiligen verehren, das Oberhaupt der Mouriden-Bruderschaft.«

»Und wer oder was sind Mouriden?«

»Eine Moslemsekte und gleichzeitig eine Gewerkschaft, der Lastwagen-, Taxi- und Busfahrer angehören.«

6

Alle Räder stehen still, wenn dein starker Arm es will – dieser abgedroschene Slogan drehte sich wie ein Mühlrad in meinem Kopf, als ich mich auf den Rücksitz des Motorrollers schwang und, an Davids Schulter gelehnt, zum Hotel zurückfuhr. Die Einladung zum Tee hatte ich ausgeschlagen, weil ich aus Erfahrung wusste, dass eine senegalesische Teezeremonie, bei der Wasser auf Holzkohlenglut erhitzt und aus großer Höhe vom Kessel in die Kupferkanne gegossen wird und wieder zurück, noch länger dauerte als eine äthiopische Kaffeezeremonie. Ich wollte auf schnellstem Weg nach Touba, um die Märchenprinzessin von der Hochzeit abzuhalten – wenn es sein musste, mithilfe des Marabuts, den ich mir mit Geld und guten Worten gefügig machen würde.

»Das trifft sich gut«, sagte Dr. Möhrchen, der Leiter des Goethe-Instituts, der mich, nervös auf und ab schreitend, in der Lobby des Novotels erwartete. »Ich bin auf dem Weg nach Touba, um das Plazet des Kalifen einzuholen für die Neueröffnung unseres Instituts – ohne seinen Segen läuft hier nichts. Der Kalif hält das Heft in der Hand, und nicht mal der Staatschef darf es wagen, die Mouriden gegen sich aufzubringen, weil sonst kein Taxi, Bus oder Lastwagen mehr fährt. Léopold Senghor war ein gläubiger Katholik, aber am Tag seiner Amtseinführung pilgerte er nach Touba, um dem Kalifen zu huldigen – ähnlich wie sein Nachfolger Abdou Diouf, der Mitglied der Qadiriya-Sekte ist und sich deshalb mit den Mouriden gutstellen muss. Vielleicht ist das der Grund, warum der Lesesaal des Goethe-Instituts plötzlich unter Wasser stand – mitten in der Trockenzeit!«

Dr. Möhrchen öffnete den Wagenschlag seines mit laufendem Motor wartenden Mercedes, und ich nahm erleichtert auf dem Beifahrersitz Platz, der nicht nach Staub und Schweiß, sondern nach Leder roch. Jemand klopfte von draußen gegen die Windschutzscheibe. Es war David, der Rastafari, der für sich und seinen Kompagnon den vereinbarten Lohn verlangte. Ich drückte ihm ein Bündel Geldscheine in die Hand, und er gab uns, fröhlich winkend, auf dem Motorroller bis zur Stadtgrenze das Geleit.

7

Wir überholten einen nicht abreißenden Strom von Pilgern: Wolof-Männer und -Frauen im farbenprächtigen Burnus oder Kaftan, dessen Faltenwurf an eine römische Toga oder Tunika erinnerte, verschleierte Mauretanier und Tuaregs mit leuchtend blauen Turbanen, Händler vom Volk der Mandingo und Fulbe-Nomaden mit ihren Herden, dazwischen eine Abordnung schwarzer Moslems aus den USA, die, um ein Gelübde zu erfüllen, zum Grab des Kalifen pilgerten. Sein Name war Cheikh Amadou Bamba, und er hatte vor hundert Jahren die Mouriden-Sekte gegründet: ein Staat im Staate, vor dem die französische Kolonialverwaltung so kampflos kapituliert hatte wie die jetzige Regierung, denn die Bay Fall – so hießen die Gewerkschaftsmitglieder – arbeiteten unentgeltlich für den Kalifen und trieben Zwangsabgaben ein. Auf diese Weise hatte sich eine Parallelgesellschaft etabliert, eine religiöse Schattenwirtschaft, von der die den Weg säumenden Bettler und Krüppel ebenso profitierten wie Wasserverkäufer und Souvenirhändler, die Gebetsketten und in Leder eingenähte Koransuren feilboten, Talismane zum Schutz vor Unfällen und Amulette für Kinderreichtum oder Liebesglück.

Besuch bei einem Einsiedler, den das Volk wie einen Heiligen verehrt, weil sich in ihm der Geist des verstorbenen Religionsstifters inkarniert – der Marabut hat ein ähnlich hohes Prestige wie der Kalif. Er ist neunzig Jahre alt und hat das Zimmer seines Hauses noch nie verlassen: Der Eremit braucht sich nicht von der Stelle zu bewegen, weil sein Geist

Räume und Zeiten überbrückt. Vor Betreten des mit Teppichen ausgelegten Vorraums muss ich die Schuhe ausziehen, niederknien und Gebetsformeln nachsprechen. Die Wände sind mit Dankschreiben von Pilgern übersät, die der Marabut von Krankheiten geheilt oder denen er zur Erfüllung ihrer Wünsche verholfen hat.

Ich werde mit Weihwasser besprengt, um irdische Gelüste aus Herz und Hirn zu verbannen, und durch einen labyrinthischen Korridor zum Gemach des Marabuts geführt, der mich im Bett liegend empfängt. Wie Marat in der Badewanne lebt der heilige Mann in einer Wäschekammer, zwischen nassen Handtüchern und zum Trocknen aufgespannten Bettlaken. Er wirkt kindisch und weise zugleich, ein säuglingshafter Greis mit debilem Lächeln und milchweißer Haut, und begrüßt mich mit dem Satz, die Deutschen hätten das elektrische Licht nach Afrika gebracht - dafür wolle er mir danken. Seine Worte werden vom Arabischen auf Wolof und von dort ins Französische übersetzt, während der Marabut in einer mit Amuletten gefüllten Waschschüssel kramt und nach langem Suchen zwei Lederanhänger hervorzieht, die er mit Atemluft anhaucht und bespuckt, ehe er sie weiterreicht: Talismane, die ihre Träger vor Autounfällen und Flugzeugabstürzen beschützen, wie der Dolmetscher erklärt. Der Marabut erteilt mir seinen Segen und weist mit frommem Augenaufschlag auf eine Wäscheleine, an der mit Klammern befestigte Banknoten trocknen. Das von Pilgern gespendete Geld wird in Seifenwasser eingeweicht, damit der Eremit sich nicht mit einer ansteckenden Krankheit infiziert. Ich verstehe den Wink mit dem Zaunpfahl und gebe dem Dolmetscher einen CFA-Schein, auf dem ein Buckelrind und eine Elenantilope abgebildet sind, tausend westafrikanische Francs zum Kurswert von drei Mark: kein zu hoher Preis dafür, dass ich fortan gegen Unfälle versichert bin.

8

Saint-Louis-du-Nord liegt, wie der Name besagt, im Norden des Senegal, am Delta des gleichnamigen Flusses, der die Grenze zu Mauretanien und den Übergang von einer Klima- und Vegetationszone zur nächsten markiert. Auf einer Seite die mit Dornbüschen und Baobab-Bäumen, wie von Saint-Exupéry gemalt, bewachsene Trockensteppe, auf der Fulbe-Nomaden ihre Rinder weiden; auf der andern die Sanddünen der Sahara, in denen unser Mercedes nach der Ausfahrt aus der Stadt stecken blieb. Nicht weit von hier war das Floß der auf eine Sandbank gelaufenen Fregatte *Medusa*, mit französischen Matrosen bemannt, ins offene Meer getrieben, bevor es Wochen später von einer zur Rettung entsandten Korvette gesichtet wurde: Von hundertfünfzig Mann Besatzung hatten nur fünfzehn den Schiffbruch überlebt. Vor Hunger und Durst halb wahnsinnig, waren sie mit Enterhaken übereinander hergefallen und hatten das Fleisch ihrer getöteten Kameraden verspeist, ohne zu ahnen, dass sie in Sichtweite der Küste in einem der fischreichsten Gewässer der Welt kreuzten. Daran musste ich denken, während wir, bis zu den Knien im Sand, die schwere Limousine anzuschieben versuchten, die sich mit jeder Drehung der

Vorderräder tiefer in den Boden wühlte. Links die brüllende Brandung des Ozeans, der den Strand mit waberndem Nebel überzog, rechts die Dünen der Sahara, von denen unaufhörlich Sand wehte, der wie mit Akupunkturnadeln meine Haut bearbeitete, die, als der Nebel sich verzog, krebsrot war und Blasen schlug. Die jedem Wüstenreisenden bekannte Überlebensregel, sich unter das havarierte Auto in den Schatten zu legen, kam nicht in Betracht, weil der Mercedes wie ein bäuchlings gestrandeter Wal im Sand festsaß, und wie einst die Schiffbrüchigen der *Medusa* hatten wir zur Stillung des Dursts nur Whisky an Bord, der wie Feuer in der Kehle brannte und mich derart benebelte, dass ich eine Kamelkarawane über das in der Hitze flimmernde Meer kriechen sah. Diesmal aber war es keine Fata Morgana, die vom Wind bewegte Palmen auf den gekrümmten Horizont projizierte und mir Oasen vorgaukelte, wo nur Salzwasser wogte und heißer Sand von den Dünenkämmen stob; ich hörte das Schnauben eines Reitkamels, und als ich den Kopf hob, blickte ich in die von blauem Tuch umrahmten Augen eines Tuaregs, der mit dem Lederknauf seiner Kamelpeitsche auf die Flasche Johnnie Walker deutete, die, vom Flugsand verweht, neben mir aus dem Boden ragte. Ich weiß nicht mehr, ob es Red Label oder Black Label war, vielleicht sogar Johnnie Walker Blue Label, eine Luxusmarke, die es nur in internationalen Flughäfen zu kaufen gab. Aber der Wunsch des Wüstensohns war uns Befehl, die Flasche wechselte den Besitzer, und zwei Stunden später saßen wir, erfrischt und geduscht, an der Bar des Hôtel de la Poste, auf dessen Parkplatz ein Hoteldiener den Mercedes einer dringend benötigten Autowäsche unterzog.

9

Seit dem Abzug der Franzosen war die Zeit stehen geblieben in Saint-Louis, einer schläfrigen Kolonialstadt, über deren Präfektur anstelle der Trikolore die grün-gelb-rote Fahne des Senegal wehte. Die Stadt sah aus wie die Kulisse zu einem Wüstenfilm – nur die Fremdenlegionäre fehlten. Sonst war noch alles da: Durch die zerbrochenen Fensterläden im Amtssitz des Gouverneurs flogen Fledermäuse aus und ein, auf dem Altar der Kathedrale verstaubte eine mit Bibeln gefüllte Sektkiste der Marke Pommery, und General Faidherbe musterte missbilligend, auf einem mit Stacheldraht umzäunten Denkmalsockel stehend, das schrille Treiben der Kasbah, deren Bewohner in den Villen der früheren Kolonialherren residierten. Der träge dahinfließende Fluss, auf dessen trübem Wasser afrikanische Fischerboote und arabische Daus dümpelten, wurde von einer Stahlbrücke überspannt, die, der Legende nach fürs Donaudelta bestimmt, am Ufer des Senegalflusses gestrandet war. Am anderen Ende der Brücke, auf der das Gespenst einer stadtbekannten Prostituierten als *belle de nuit* herumspukte, lag die Post, deren Schalter nur morgens geöffnet waren; schräg gegenüber das Hôtel de la Poste, in dem der Postflieger Mermoz vor dem Weiterflug nach Rio de Janeiro Alkohol aufzutanken pflegte. Es hieß, im Hinterzimmer der nach ihm benannten Bar habe Mermoz, bevor er auf Nimmerwiedersehen im Südatlantik verschwand, ein Dutzend Kinder gezeugt, deren Nachkommen sich auf Korbstühlen in der Hotelhalle räkelten. Sein nachgedunkeltes Porträt, handsigniert in Pilotenmontur, hing an der Wand des Speisesaals, wo der Chefkoch mir flambierten *homard à la Mermoz* servierte, während ich diskrete Blicke wechselte mit einer *belle de nuit*, die im Vorbeigehen »Komm mit, ich zeig dir was Schönes!« hauchte. Sie nahm auf dem Barhocker Platz, legte ihre milchkaffeefarbenen Beine so übereinander, dass ich Einblick in das Allerheiligste unter ihrem Minirock bekam, und schob sich gleichzeitig eine Cocktailkirsche in den Mund – vielleicht war es auch eine Cashewnuss –, die sie mit der Zungenspitze umschlang, während der Koch den in Butter gesottenen Hummer mit Pernod übergoss und anzündete. Vom Alkohol genährte Flammen wallten auf, und als der wohlriechende Rauch sich verzog, war die *belle de nuit* verschwunden, als habe der Feuerzauber sie verschluckt. Ich sprang auf – der Koch war untröstlich, weil er glaubte, das Essen habe mir nicht geschmeckt – und suchte die Umgebung des Hotels nach der Schönen ab, doch außer bärtigen Männern und einer verschleierten Frau, die vom Freitagsgebet in der Moschee nach Haus eilte, waren die Straßen leer. Nur auf der Brücke über den Senegalfluss war eine schattenhafte Bewegung zu erkennen, bei der es sich um Nebelschwaden zu handeln schien. Ich tappte ziellos durch grauen Dunst und tastete mich wie ein Blinder an dem rostigen Geländer entlang. Dies war nicht Afrika: Ich glaubte mich auf die Tower Bridge in London zur Zeit von Jack the Ripper versetzt; nur das Echo meiner Schritte hallte von dem Laufsteg wider, und aus der Tiefe drang das Gurgeln des Flusses an mein Ohr. Ich machte kehrt, um die sinnlos gewordene Suche abzubrechen, da streifte mich ein wallendes oder wollenes Gewand, Kaftan, Burnus oder Boubou, das war nicht genau auszumachen, der herbe Duft von Parfüm stieg mir in die Nase, und eine Hand schob sich über meinen zum Hilferuf geöffneten Mund.

Kennst du den Unterschied zwischen einem *succubus* und einem *incubus*, lieber Leser? Ich kenne ihn nicht, so wenig wie den zwischen konvex und konkav, was, je nach Perspektive des Betrachters, zwei Seiten derselben Sache sind, weshalb das Adjektiv *altus*, wie ich im Lateinunterricht lernte, sowohl hoch als auch tief bedeuten kann. Mein Fremdwörterbuch hilft hier nicht weiter, da es unter dem Stichwort *succubus* auf *incubus* verweist und vice versa, aber im Großen Brockhaus von 1879 ist von Samenräubern, Beischläfern oder Buhlteufeln die Rede, die Schlafende ohne deren Zutun um ihren Samen erleichtern, und so ging es auch mir: Ich wusste nicht, wie mir geschah, ob es sich um einen *incubus* oder eine *incuba*, einen *succubus* oder eine *succuba* handelte, vielleicht war es auch ein Hermaphrodit, ein Transsexueller, ein Transvestit oder eine Vampirfledermaus, die es mir genital, oral, anal oder wie auch immer besorgt hat. Es war ein Orgasmus wider Willen, der mich auf der vom Nebel verschluckten Brücke heimsuchte, und als ich zehn Minuten später das Hôtel de la Poste betrat, war meine Leinenhose nicht mit Sperma, sondern mit Blut befleckt, was den Nachtportier nicht zu stören schien. Wahrscheinlich war er nächtliche Eskapaden der Hotelgäste gewöhnt, weil der Glaube an Geister, französisch *revenants*, in Westafrika weitverbreitet war. Oder es spukte wirklich auf der Brücke über den Senegalfluss, wo eine Ex-Geliebte des Fliegerasses aus Rache dafür, dass

Mermoz sein Eheversprechen nicht hielt und sie im Hôtel de la Poste versauern ließ, dem ältesten Gewerbe der Welt nachging und nichts ahnende Touristen um ihr Geld oder ihren Samen erleichterte, den sie mit magischen Ritualen aus verschlossenen Beuteln extrahierte.

10

Nach Dakar zurückgekehrt, nahm ich, als sei nichts geschehen – hier stimmt die abgegriffene Redensart –, an den Gesprächen des ANC mit den weißen Liberalen teil. »Früher habe ich Geschichte studiert, jetzt mache ich sie«, rief, nein: schrie Francis Melli, ein in Leipzig promovierter Historiker, der wie viele ANC-Leute seine politische Ohnmacht gegenüber dem Apartheidstaat mit Verbalradikalismus kompensierte. Und Mac Maharaj, ein Südafrikaner indischer Herkunft, der zusammen mit Nelson Mandela nach Robben Island verbannt worden war, übertraf seinen Vorredner mit dem Satz, früher hätte er nur im Zorn töten können, doch im Gefängnis habe er gelernt, kaltblütig zu morden. Die Liberalen bekamen eine Gänsehaut, und Oppositionsführer van Zyl Slabbert, der aus Protest gegen die Apartheid aus der Regierungspartei ausgetreten war, brachte sein Unbehagen auf den Punkt mit der Frage, ob Südafrikas Weiße nach der Machtübernahme des ANC zur Vertreibung oder gar, wie einst die Juden, zur Vernichtung ausersehen seien? Thabo Mbeki, Sprecher des damals noch inhaftierten Nelson Mandela, entkräftete solche Befürchtungen mit dem Hinweis, in einer zukünftigen Regenbogen-Demokratie würden die Nachkommen der Buren gleichberechtigt mit Afrikanern und Asiaten leben.

»Fragt sich nur, was der ANC unter Demokratie versteht«, murrte Breyten Breytenbach, der neben mir auf dem Barhocker saß, und quirlte mit dem Strohhalm seinen Drink, als sei dort, zwischen Eiswürfeln und Limonen, die Lösung des Rätsels zu finden. »Meinungsfreiheit und westlicher Pluralismus oder eine Volksdemokratie unter Führung einer allein selig machenden Partei? Die Antwort liegt auf der Hand«, fuhr er fort und zeigte auf zwei blonde Hünen, Buren aus dem Bilderbuch, die sich, mit den Fingern schnipsend, im Rhythmus der Musikbox wiegten, während ANC-Funktionäre in Schlips und Kragen, peinlich berührt vom Exhibitionismus der weißen Liberalen, dezent an ihren Teetassen nippten. »Die Körpersprache dieser Herren ist beredter als ihr Parteiprogramm: Die einen benehmen sich wie britische Gentlemen, die andern wie eine Streetgang aus Harlem.« – »Die politische Einstellung eines Menschen hat nichts zu tun mit der Farbe seiner Haut«, sagte Thabo Mbeki, und ich fragte mich, ob das Diktum des ANC-Führers salomonisch oder sibyllinisch war.

Die Stunde der Wahrheit schlug nach Mitternacht, als in den Hotelfluren zirkulierende Prostituierte an die Zimmertüren klopften und Einlass begehrten mit den Worten: »C'est l'amour qui passe!« Für den Kirchenführer Beyers Naudée brach eine Welt zusammen, als eine Nutte ihm in die Pyjamahose griff und seiner Frau, die ihr den Weg versperrte, mit dem Stöckelschuh ins Gesicht schlug: So hatte sich der im Kampf ergraute Anti-Apartheid-Aktivist Westafrika nicht vorgestellt, das damals noch *off limits* für weiße Südafrikaner war. Zur selben Zeit hielt ich, eine Etage tiefer, einen extemporierten Vortrag über *safe sex*. Zwei milchkaffeebraune Kapverdierinnen wollten wissen, was sich hinter diesem Begriff verbarg, praktisch und nicht nur in theoretischer Hinsicht, sie verlangten Anschauungsunterricht am lebenden Objekt und ließen erst von mir ab, als ich mich freigekauft hatte mit Seife und Eau de Toilette der Marke *Je reviens*. Dass und wie das in dem Parfüm enthaltene Versprechen in Erfüllung gehen würde, wusste ich damals noch nicht.

SECHSTE NACHT:
HÔTEL TOMBOUCTOU, TIMBUKTU, MALI

»Wüste, kehr wieder!«
(Karl-Heinz Jakobs: *El Had*)

Bamako, 18. August

Erster Eindruck, beim Blick aus dem Fenster des Hôtel de l'Amitié: Der Niger, von den Regenfällen der letzten Wochen angeschwollen, wälzt sich als breiter Strom durch die Ebene, über die turmhohe Wolken dahinziehen, träge fließendes Wasser von ständig wechselnder Farbe, mal silberhell, dann lehmbraun oder bleigrau, mit Grasbüscheln und schwimmenden Inseln gesprenkelt, zwischen denen Fischer herumstaken, das Ganze überwölbt von einer Stahlbrücke, über die in nicht abreißender Kette der Verkehr donnert – bunt bemalte Buschtaxis, überfüllte Busse, Dienstwagen von Botschaften und Ministerien, Landrover mit den Logos internationaler Organisationen und baufällige Lastwagen, deren Abgase Fahrradfahrer und Fußgänger in Staubfahnen hüllen. Bamako ist eine Kolonialstadt mit hässlichen Regierungs- und Verwaltungsgebäuden, Banken, Geschäften und Tankstellen, beherrscht vom Betonklotz des Hôtel de l'Amitié, das als Fata Morgana ein Meer von Wellblechhütten überragt. Die Stadt erstickt im Staub, der Pferdefuhrwerke und Autos, Eselskarren und Mopeds, selbst die immergrünen Blätter der Bäume mit mehligem Firnis überzieht, Augenlider verklebt, Nasenlöcher verstopft und die Mundschleimhäute trockenlegt. Es ist die rote Erde von Gondwana, Überrest des Urkontinents aus dem Präkambrium, die, vom Wüstenwind aufgewirbelt, über die westafrikanische Savanne weht, Wasserläufe und Kanäle versanden lässt, und Asphaltstraßen in Staubpisten verwandelt. Mit vor die Nase gedrückten Tüchern, Turbanen und Schleiern wappnen sich die Passanten gegen den Schmutz, der Schimmelpilze, Viren und Bakterien aus Abwässergräben und Kloaken über die Stadt verbreitet, in der weder Müllabfuhr noch Kanalisation funktionieren. An den Straßenecken türmt sich der Abfall meterhoch, Kinder stochern auf der Suche nach Verwertbarem im Dreck, und Fußgänger irren hustend zwischen Wolken von Abgasen und Schwärmen von Moskitos herum. In der Abenddämmerung kreuzen Scharen von Fledermäusen über der Stadt, von Jugendlichen mit Steinschleudern gejagt und in blutigen Bündeln nach Hause getragen, weil Heuschrecken wie auch Fledermäuse hierzulande als Delikatessen gelten.

Die Stadt droht im Staub zu ersticken – während der neunmonatigen Trockenperiode ist es noch schlimmer als jetzt, zu Beginn der Regenzeit. Trotzdem sind die Malier Fremden gegenüber freundlich und hilfsbereit; aggressives Betteln und Gewaltkriminalität, die einen Aufenthalt in Lagos oder Abidjan zum Albtraum machen, sind hierzulande Ausnahmen, nicht die Regel.

Bamako ist ein einziger Basar, der Souk die Seele der Stadt, überall werden Waren zum Kauf feilgeboten: gelbe Mangos und grüne Bananen, von Fliegen umsummte Rinderkeulen und Hammelhälften, Flussfische aus dem Niger, Reis, Hirse und Maniok, getrocknete Gewürze und Hölzer, die als Zahnbürsten, oder Steine, die zum Garkochen verwendet werden, rote Pfefferschoten, Pili-Pili, und magische Fetische, Gris-Gris genannt; mumifizierte Affen und Hyänen, Schlangen und Krokodile, die, zu Pulver zerrieben, als Heilmittel dienen, während ihre Zähne und Klauen bösen Zauber abwenden sollen; Schwerter und Dolche der Tuareg, maurische Halsketten und Armreifen aus Kupfer und Messing, Goldschmuck aus dem Grenzgebiet zu Guinea, geschnitzte Türen und Thronsessel der Bambara und Mandingo, Masken der Dogon, Lederarbeiten und Decken mit den geometrischen Mustern der Fulbe, Körbe und Bastmatten der Bozo-Fischer. Die friedliche Koexistenz dieser ethnischen Gruppen wird durch in der Kolonialzeit gezogene Grenzen, die ihre Siedlungsräume durchschneiden, erschwert.

Der informelle Kleinhandel, der die Malier am Leben hält, liegt unter der Wahrnehmungsschwelle der Experten und wird von keiner Statistik erfasst: Ein Austausch winziger Waren und Dienstleistungen, bei dem eine Handvoll Wäscheklammern, ein Tütchen Erdnüsse, eine Schachtel Zündhölzer und eine oder zwei Zigaretten den Besitzer wechseln, mit minimalem Profit, der gerade mal für eine Tasse Tee oder einen Teller Suppe reicht. Die Bewachung geparkter Wagen, das Öffnen und Schließen von Autotüren, das Abwischen der Windschutzscheiben bei kurzem Halt vor einer Kreuzung, der Verkauf von Plastiktüten oder das Tragen von Einkaufstaschen, das Putzen von Schuhen, das Ein- und Ausladen von Koffern in Bahnhöfen, Flughäfen und internationalen Hotels – Minijobs, die den Menschen das Überleben sichern in einem der ärmsten Länder der Welt, das mit dem alten Königreich Mali nur noch den Namen gemeinsam hat.

20. August

»Bei den Schimpansen geht es zu wie in der Chefetage von Mannesmann oder VW – dasselbe Gerangel um Geld und Macht«, sagt Bamako-Paul, ein bayerischer Forstexperte, der im Auftrag der malischen Regierung Tropenholz exportiert. »Der Chef hockt oben im Baum und passt auf, dass keine seiner Frauen fremdgeht. Wenn er einen Wutanfall kriegt, macht er den Urwald zu Kleinholz!« Bamako-Paul lebt wie Tarzan im Busch, in einer Baumhütte mit Krokodilen und Flusspferden vor der Tür, trinkt Jacobs-Kaffee und füttert Schimpansenbabys mit Milupa-Brei durch: »Ein Waisenkind findet schnell Anschluss, ein aus der Horde ausgestoßenes Männchen nicht!«

Wir sitzen im Bistro, Treffpunkt für Europäer und Amerikaner, schräg gegenüber der US-Botschaft, Pizzeria mit angeschlossener Diskothek, jeden Abend rappelvoll, Whisky und Bier fließen in Strömen, und glutäugige Schönheiten blinzeln zahlungskräftigen Kunden zu. Hier wird Tacheles geredet. »Mali ist ein Fass ohne Boden, das Unsummen verschlingt,« erzählt Bamako-Paul, der in Wirklichkeit anders heißt: »Und doch gibt es mehr Superreiche hier als anderswo in Westafrika.« Auf acht Millionen Einwohner – die genaue Zahl kenne niemand – kämen hunderttausend Millionäre, Großgrundbesitzer mit riesigen Viehherden, Kaufleute und korrupte Beamte, die mit von Hilfsdiensten gespendeten Lebensmitteln spekulierten. Amerikanischer Reis und Dosen mit Corned Beef, marokkanische Ölsardinen und italienisches Olivenöl würden zu überhöhten Preisen an die Armen verscherbelt, denen sie gratis zukommen sollten, und die reichste Frau im Land sei die Präsidentengattin – ihr gehöre die Fabrik zur Herstellung von Sturzhelmen, deren Tragen gesetzlich vorgeschrieben sei. »Es gibt 200 000 Mopedfahrer in Mali, und ein Helm kostet umgerechnet fünfzig Euro. Wer bis Ende des Monats keinen Sturzhelm hat, verliert die Fahrerlaubnis, sein Moped wird eingezogen.«

Koulikoro, 22. August

Ich sitze auf dem Oberdeck der *Tombouctou*, einem Blechkasten mit Badewanne als schwimmendem Untersatz, 1978 in Koulikoro von malischen Schiffsbauern zusammengeschweißt mit brüderlicher Hilfe der Firma Krupp aus Essen. Technische Daten: 50 Meter lang, 10 Meter breit, Tiefgang nur 50 Zentimeter. Der Pott fasst 130 Tonnen Fracht und 500 Passagiere plus Besatzung auf drei übereinander geschichteten Decks und wird von drei Dieselmotoren mit einer Gesamtleistung von 900 PS angetrieben.

Seit zwei Stunden warte ich auf das Auslaufen des Schiffs. Es regnet in Strömen. Schwarze Matrosen in gelbem Ölzeug und blauen Anoraks waten barfuß durch knöcheltiefen Schlamm und schleppen Kisten und Koffer, Bündel und Ballen an Deck; Händler und Garköchinnen bieten süße Bananen und saure Orangen, Krapfen und gekochte Eier zum Verkauf an; malische Großfamilien unter Decken und Regenschirmen, Tuareg-Patriarchen in dicken Pullovern und Nomadenfrauen mit Kleinkindern auf dem Rücken raffen ihre bis zum Boden herabhängenden Gewänder, deren Saum im Kot schleift, und balancieren, vorsichtig einen Fuß vor den andern setzend, über den schmalen Laufsteg an Bord. Jungen und Mädchen planschen am Ufer herum, waschen Wäsche, spülen Blechnäpfe und Teller, verrichten intime Bedürfnisse und trinken aus dem Fluss, der als Waschzuber und Kloake, Transportmittel und Wasserreservoir dient.

Die Abfahrt des Schiffes verzögert sich. Die Passagiere sind längst an Bord, aber immer neue Kisten, Säcke und Container werden an Deck gehievt; das Fassungsvermögen des Laderaums scheint unbegrenzt. Nasse Hunde streunen auf dem Kai herum. Afrika in der Regenzeit hat seine eigene Poesie: Tropenzauber mit Gratisdusche. Die Gangway wird hochgezogen, die Schiffswand fängt an zu vibrieren, die Maschine läuft auf vollen Touren, wir legen ab.

Eine halbe Stunde später sitzt die *Tombouctou* auf der ersten Sandbank fest – ein Vorgeschmack auf die weitere Reise. Auf der Brücke wird ein Scheinwerfer eingeschaltet, ein Lichtkegel gleitet übers nachtdunkle Wasser, die Schiffsschraube dreht durch, der Kapitän schaltet den Rückwärtsgang ein, und erst nach einer Viertelstunde geduldigen Manövrierens hat der Koloss sich freigeschaufelt. So ähnlich muss es zur Zeit von Mark Twain auf dem Mississippi zugegangen sein: Sandbänke, Untiefen, Baumstämme, die wie Krokodile, und Krokodile, die wie Baumstämme aussehen. Nur Nilpferde fehlen im Mississippi – dafür gibt es im Niger kein Treibholz.

Die Kabine, die ich für die nächsten Tage gebucht habe, vereinigt den spartanischen Komfort eines Männerwohnheims mit dem diskreten Charme einer Jugendherberge: Bettkoje, Schrank und Nachttisch sind aus Pressplatten zusammengefügt, aus denen Sägemehl rieselt, der Boden ist mit Linoleum belegt, die durchgelegene Schaumgummimatratze mit löchrigen Laken bespannt. Der Luxus besteht in einer Klimaanlage, die mehr Abwärme als Kühlung erzeugt und betäubenden Lärm macht, sowie in individueller Toilette und Dusche, aus der Flusswasser rieselt. Die unteren Klassen haben Gemeinschaftsduschen und Gemeinschaftsklos, die nach kurzer Zeit verdreckt und verstopft sind, und die Klasseneinteilung ist rigider als in der Kolonialzeit: Oben die *happy few* in den Luxuskabinen der ersten Klasse, ausländische Experten und Angehörige der einheimischen Oberschicht, gefolgt von Rucksacktouristen und malischem Mittelstand in der zweiten und dritten Klasse, wo es sich gerade noch aushalten lässt. Ganz unten, im Zwischendeck, sieht es aus wie auf einem Auswandererschiff: Männer und Frauen, Kinder und Greise auf engstem Raum zusammengepfercht, Mütter, die ihre Babys stillen, Tee kochen auf offenen Feuern und Fliegen von ihren Säuglingen verscheuchen, eingezwängt zwischen Reis- und Mehlsäcken, Limonade- und Bierkästen, Fahrräder, Mopeds, Zinkeimer und Wellblechplatten.

Verglichen mit der drangvollen Enge im Zwischendeck ist meine Kabine eine Luxusherberge. Ortskundigem Rat folgend, habe ich mich vor der Abfahrt mit Malariapillen, Mineralwasser, Biskuits, Teebeuteln und Klopapier eingedeckt. Solange Wasser läuft und das Kühlsystem funktioniert, kann nichts schiefgehen: Mit diesem Gedanken spreche ich mir Mut zu. Doch als ich unter der Dusche stehe, geht das Licht aus, das Wasser läuft nicht mehr, der Air Conditioner steht still; nur das Surren eines Moskitos ist zu hören, der mich im Dunkeln umkreist.

23. August

Früh aufgewacht mit schwerem Kopf. Im Bad plätschert Wasser, das Licht brennt wieder, aber Kühlschrank und Klimaanlage sind ausgefallen. Beim Blick aus dem Fenster meiner Kajüte sehe ich einen Tuareg durch knietiefes Wasser waten, dahinter die Abbruchkante eines von Rissen durchzogenen Deichs. Ein Einbaum wird vorbeigestakt. Ich steige über einen schlafenden Soldaten hinweg, der die Tür zu meiner Kabine bewacht; vor dem Eingang zur Messe kniet der Schiffskoch auf seinem Gebetsteppich, vom Schein der aufgehenden Sonne angestrahlt. Aus dem Funkraum sind französische Durchsagen zu hören, vermischt mit Flüchen und Lobpreisungen Allahs auf Arabisch oder in Bambara. Die Reisenden im Zwischendeck trinken Tee aus Blechbüchsen. Hinterher spülen sie die Dosen im Fluss, in den Passagiere der zweiten Klasse den Inhalt ihrer Nachttöpfe schütten. Ein Eimer mit Küchenabfällen wird aus dem Fenster der Kombüse entleert; faule Tomaten schwimmen vorbei.

Die *Tombouctou* bemüht sich vergeblich, ein Tankschiff flottzukriegen, das mit schwerer Ladung auf einer Sandbank gestrandet ist. Die *Soni Ali-Ber*, Heimathafen Koulikoro, liegt seit Tagen in der Flussmitte fest. Ein Lotse geht längsseits und befestigt ein Tau an einer Seilwinde. Alle schreien und gestikulieren wild durcheinander. Das straff gespannte Tau ächzt, zerreißt mit scharfem Knall und zuckt über das Wasser wie eine Peitsche, deren todbringendem Hieb der Lotse mit knapper Not ausweicht. Dies ist der dritte Versuch, den Tanker von der Sandbank zu ziehen. Der Knoten war nicht richtig geschürzt, das Abschleppseil brüchig, und selbst ein Laie wie ich begreift, dass wir nur sinnlos Zeit vergeuden. Trotzdem unternimmt der Kapitän einen letzten Versuch. Diesmal wird das Tau fachmännisch verknotet, aber die *Soni Ali-Ber* rührt sich keinen Zoll von der Stelle, nur die Reling verbiegt sich und wird aus der Halterung gerissen. »Inschallah!«

Wir setzen die unterbrochene Fahrt fort. Eine mit Ziegen beladene Pinasse kommt uns entgegen, die Tiere blöken jämmerlich. In der Strommitte taucht ein Nilpferd auf, seine rosa Nasenwülste durchbrechen prustend die Wasseroberfläche. Die Flusspferde laufen auf dem Grund des Nigers entlang, der hier seicht ist wie ein Tümpel, ein in die Sahelzone verpflanztes Steinhuder Meer. Die Ufer sind von überschwemmten Feldern gesäumt, auf denen Pirogen hin und her gleiten. Lehmhütten, braune Würfel und Quader, von Minaretten überragt, ummauerte Gärten, in denen Pferde und Esel weiden. Pickende Hühner. Winkende Kinder am Ufer, über den Himmel ziehen Wolken, grau und gemächlich wie eine Elefantenherde. Ein auf einen Krummstab gestützter Hirte blickt unbeweglich dem tuckernden Schiff nach. Unter einem Baobab-Baum lagert eine Nomadensippe. Die Männer dösen im Schatten, die Frauen schöpfen Wasser in dickbauchigen Tonkrügen aus dem Fluss. Bilder von biblischer Schlichtheit, deren zeitlose Ruhe sich auf den Betrachter überträgt.

Jede Reise ist ein Fluchtversuch aus dem Gefängnis der Identität, ein Ausbrechen nicht nur aus dem Raum, sondern auch aus der Zeit, in die du, ohne dein Zutun, hineingeboren bist. Aber wovor bist du auf der Flucht – vor dem Fluch der bösen Tat, sprich Deutschlands Vergangenheit, vor deiner gescheiterten Ehe oder vor den Zumutungen des Literaturbetriebs? Oder fliehst du vor dir selbst und füllst die Leere in deinem Innern mit Sand und Geröll, bis der Strom über die Ufer tritt, die Dämme niederreißt und sich ein neues Flussbett sucht?

Mittags in der Messe: Das Essen ist gut und reichlich, französische Küche mit afrikanischem Einschlag (oder umgekehrt), auf kleinstem Raum zubereitet und mit strahlendem Lächeln serviert, das für alles Ungemach entschädigt. Bei Tisch eine zufällig zusammengewürfelte Gesellschaft: Paul, Geologe aus Los Alamos, mit seiner Freundin Susan; July, eine vom Peace Corps entsandte Studentin aus Michigan, die in Niamey Englisch lehrt; ein französischer Gesundheitsexperte aus Bamako, der mit seiner Frau und einem befreundeten Ehepaar auf dem Niger Ferien macht, und ein nach Timbuktu entsandter Regierungsbeamter. Die meisten Passagiere machen die Reise zum ersten Mal, die *Tombouctou* ebenfalls; wegen des niedrigen Wasserstands in diesem Jahr hat es noch kein Schiff bis nach Gao geschafft.

Draußen zieht die Uferlandschaft vorbei, Lehmhäuser und Getreidespeicher, Moscheen und Minarette, die wie mit Zahnstochern gespickte Zuckerhüte aussehen – aus den Mauern ragende Balken dienen als Leitern, auf denen der Muezzin herauf- und herunterklettert. In Jahrtausenden hat der Niger kilometerdicke Sedimentschichten aufgehäuft, die er Zoll um Zoll wieder abräumt – jede Welle nimmt eine Handvoll Erde mit. In einem Sekundärwald am Ufer turnen Affen herum, die sich beim Herannahen des Schiffs verstecken. Ein Nilpferd schaut blinzelnd, mit rotgeädertem Auge, aus dem Wasser.

Wir nähern uns Segu, von Bozo-Fischern im siebten (!) Jahrhundert gegründet, später Hauptstadt des Songhai- und Malireichs. 1861 eroberte El Hadj Omar die Stadt und ließ allen männlichen Einwohnern die Haare scheren, weil sie die Gebote des Korans missachtet und die Gebete nicht vorschriftsmäßig verrichtet hatten. 1890 besetzte die französische Armee Segu, ein Hauptmann namens Underberg residierte hier als Chef der Kolonialverwaltung.

Nächtliche Szene: Am Ufer Holzkohlenfeuer, Glühwürmchen tanzen in der Dunkelheit, der Lichtkegel des Scheinwerfers fällt ins Laub eines Mangobaums, unter dem sich eine Menschenmenge drängt, die lachend dem Schiff entgegeneilt, Händlerinnen, gefüllte Blechschüsseln auf den Köpfen, waten bis zu den Hüften ins Wasser und richten die Lichtstrahlen ihrer Taschenlampen auf die Esswaren, die sie zum Verkauf anbieten, geräucherte Fische und zusammengeknüllte Geldscheine wechseln die Besitzer, während eine Piroge längsseits geht, um Passagiere an Bord zu bringen, schwere Koffer und Ballen werden mit bereitwillig ausgestreckten Armen und Händen hochgehievt, Fledermäuse kreuzen im Licht der Scheinwerfer, eine schwangere Frau, bis zur Brust im Wasser, schiebt eine schwimmende Kalebasse vor sich her, aus der sie Hirsebier schöpft, und nestelt Wechselgeld aus dem Kopftuch, Kinder balgen sich am Uferhang und fallen kreischend in den Fluss – eine wie von Breughel gemalte Szene aus dem Alltag, nein: aus dem Nachtleben eines malischen Fischerdorfs.

Wir durchfahren einen engen Kanal und erreichen um Mitternacht die Schleuse von Markala. Das Niveau des Wassers wird mehrere Meter gesenkt, bevor die *Tombouctou* ihre Fahrt fortsetzen kann. Der Niger erweitert sich zum See. Am Horizont die Lichterkette des Staudamms von Sansanding, in den dreißiger Jahren errichtet von Zwangsarbeitern aus Obervolta, deren Nachkommen hier leben. Um den Engländern Konkurrenz zu machen, bauten die Franzosen Baumwolle an; heute ist das Binnendelta des Niger die Reiskammer Malis und erwirtschaftet in guten Jahren Exportüberschüsse. Doch in den Bewässerungsgräben nisten Parasiten, die Flussblindheit und Bilharziose übertragen.

Auf dem Niger, 24. August

Fahles Frühlicht. Im Osten erscheint ein Silberstreif, die Wolken färben sich blassrosa, der Himmel zartblau. Darunter die Silhouette eines Galeriewalds, überragt von Palmwipfeln, ziseliert wie ein Scherenschnitt. Eine weißglühende Scheibe schiebt sich über den Horizont, der Himmel lodert auf, flüssiges Gold ergießt sich über die Ebene. Die Gesichter der Zuschauer, eben noch in lila Schatten getaucht, glänzen im Widerschein der aufgehenden Sonne.

Nach dem mit Honig versüßten Frühstück sitze ich auf dem Oberdeck und lasse die Landschaft an mir vorüberziehen. Braune und weiße Buckelrinder mit ausladenden Hörnern, von Nomaden in sackartigen Umhängen bewacht. Termitenhügel, in der Sprache der Fulbe »Titten der Erde« genannt, und Spitzdächer der Bozo-Hütten, wie Afrofrisuren kunstvoll geknüpft.

Die *Général Soumaré*, das Schwesterschiff der *Tombouctou*, kommt uns entgegen. Die Stahlkolosse gleiten langsam aufeinander zu, gehen längsseits, Musik dröhnt aus Stereoboxen, auf drei übereinanderliegenden Decks werden Küsse und Umarmungen, Streichhölzer und Zigaretten getauscht, Kinder hangeln sich die Bordwand herauf und wieder herunter, ein brauner Fuß baumelt vor dem Fenster meiner Kabine, jemand wirft seine Gummisandalen ans Ufer und watet an Land, eine Stange Camel Filter auf dem Kopf. Begegnung zweier Karawanen in der Wüste – ein afrikanisches Volksfest mitten auf dem Fluss.

Nach zweistündigem Halt fährt die *Tombouctou* weiter. Die Savanne flimmert in der Mittagshitze, verbrannte Erde mit Dornbüschen und einzeln stehenden Baobabs. Termitenbauten neben niedrigen Cumuli, die wie Maulwurfshügel aussehen. Wir kreuzen im Zickzack, um Sandbänken auszuweichen. Aus dem Unterdeck tönt gedämpfte Musik. Ein Nomade kniet betend am Flussufer. Er vollführt segnende Bewegungen mit den Händen und drückt die Stirn auf den Boden, den kein Gebetsteppich bedeckt.

Am späten Nachmittag steuert die *Tombouctou* das Steilufer an. Die Ankertrosse wird um einen Erdhügel geschlungen und an einem Baumstumpf vertäut. Kurz danach bricht ein Regensturm los. Eine Staubwolke wälzt sich über den Fluss, dann geht, von Donner und Blitz begleitet, ein Tropengewitter nieder. Sturzbäche prasseln herab, Schlammfluten schießen über die Uferböschung, das Land versinkt im Regen. Gleichzeitig sind als Fata Morgana am Horizont von der Sonne beschienene Palmwipfel zu sehen.

Mopti, 25. August

Das Boot ist voll – wörtlich, nicht im übertragenen Sinn: Alles ist bis in den letzten Winkel vollgepfropft mit Waren, Gepäck und Passagieren – im Zwischendeck gibt es keinen Stehplatz mehr. Die Kabinen sind überbelegt, denn der *commissaire* genannte Zahlmeister hat mehr Karten verkauft, als Platz an Bord war, und auf dem Oberdeck ist nicht mal ein Fußbreit Boden frei.

Die Tuaregs haben aus Laken und Decken ein Zeltlager aufgeschlagen, maurische Händler schnüren ihre Bündel auf und breiten die mitgeführten Waren aus, auf offenen Feuern werden Hammelkeulen gegrillt, stillende Mütter fächeln weinenden Kindern Kühlung zu, dazwischen lagern Rucksacktouristen auf Bastmatten und Luftmatratzen. Ich nehme zwei junge Engländerinnen in meine Kabine auf, die auf dem Bettvorleger zusammengerollt schlafen; eine Gruppe französischer Studenten, die sich neben dem Schiffsschornstein niederlässt, wird vom Dach gejagt. Als ein Australier sich über die Überbelegung des Schiffes beschwert, beginnt ein hitziges Palaver, an dessen Ende die Nomaden das Oberdeck räumen und die Rucksacktouristen Zuschlag bezahlen müssen – der Aufenthalt im Zwischendeck, meint der *commissaire*, sei Ausländern nicht zumutbar. Am Ende löst der Streit sich in Wohlgefallen auf, das Schiff legt ab, die Sonne geht auf, am Ufer galoppieren Pferde entlang.

Nachts bei strömendem Regen Rundgang durch Mopti. Von allen Seiten reden miteinander konkurrierende Fremdenführer auf mich ein: »Bonsoir, Monsieur, mein Name ist Omar, und ich kenne Mopti wie meine Westentasche.« – »Nehmen Sie lieber mich, ich heiße Jussuf, und ich weiß alles über das Dogonland.« – »Hören Sie nicht auf ihn. Man nennt mich John Travolta, ich bin Breakdance-Meister von Mopti und der beste Guide weit und breit!«

Ich wate durch Pfützen, mein Schuh bleibt im Schlamm kleben, Hemd und Hose sind pitschnass, und vorbeifahrende Autos überschütten mich mit Schmutzwasser. Omar führt mich zu einem geschlossenen Laden, dessen Inhaber aus dem Bett geholt wird und mir zu überhöhten Preisen Mineralwasser, Kekse und Klopapier verkauft. Während wir durch strömenden Regen zum Schiff laufen – im Dunkeln sind die Umrisse einer Moschee zu erkennen – eskaliert der Konkurrenzkampf der Fremdenführer. Omar erläutert die nicht sichtbaren Sehenswürdigkeiten von Mopti, Jussuf erzählt die Geschichte des hundert Kilometer entfernten Dogonlands, und Travolta bezeichnet Jussuf als Lügner und Dieb.

»Glauben Sie ihm kein Wort, alles ist gelogen, er war nie im Dogonland.« Vergeblich versuche ich, den Streit zu schlichten, der in Handgreiflichkeiten auszuarten droht, aber als wir am Hafen eintreffen, sind die drei wieder gut Freund und wollen nicht mal Geld für ihre Bemühungen. »Das Geld«, erklärt John Travolta feierlich, »ist ein guter Diener, aber ein schlechter Herr. Wenn Sie das nächste Mal nach Mopti kommen, fragen Sie nach John Travolta und seinen Brüdern Jussuf und Omar!«

Nachmittag. Um mich herum eine riesige Wasserfläche, begrenzt von einem Grünstreifen am Nordufer, wo ein Schwesterschiff der *Tombouctou*, die *Kankan Moussa*, seit Monaten auf einer Sandbank festsitzt – ringsherum haben Bauern Gemüsebeete angelegt. In der Regenzeit, wenn der Pegel des Niger steigt, wird die *Kankan Moussa* von selbst wieder flott.

Flussinsel mit Bozo-Dorf, das bei Trockenheit im Land liegt. Kreisrunde Hütten mit Spitzdächern, wie verrutschte Hüte aussehend, überragt von einer Moschee, das Minarett gekrönt mit einem glücksbringenden Straußenei. Die afrikanische Architektur ist frei von der Tyrannei des rechten Winkels; Mauern und Dächer sind konvex oder konkav, prall gerundet oder sanft gewölbt. Hütten und Paläste, Moscheen und Tempel sitzen, stehen oder liegen wie Menschen in der Landschaft; sie haben Busen und Hintern, Knie und Ellenbogen, Türme, die wie erigierte Penisse in die Luft ragen, und Tore, die wie gespreizte Schenkel offen stehen. Der Mensch ist das Maß der Dinge – nicht idealisiert wie bei den alten Griechen, sondern in der Fülle seiner Geschlechtlichkeit. Die Sexualisierung der Architektur ist Ausdruck eines panerotischen Lebensgefühls, das christlichem Puritanismus wie islamischer Prüderie erfolgreich widersteht.

Aka-Niafunké-Tonka-Diré, 26. August

Seit Sonnenaufgang fährt das Schiff durch die Wüste. Am Ufer ein schmaler Streifen Grünland, auf dem Reis wächst, dahinter, so weit das Auge reicht, Sanddünen mit Kakteen, an denen Ziegen knabbern, von Hecken umhegte Gärten und Nomadenzelte. Das Thermometer steigt von Stunde zu Stunde, Schweiß rinnt mir in Bächen von der Stirn. Die Dörfer, an denen wir unterwegs anlegen, wirken gottverlassen und bettelarm: Ansammlungen windschiefer Hütten, die sich um verfallene Moscheen gruppieren, pittoresk für fotografierende Touristen, aber trostlos für ihre von der Außenwelt abgeschnittenen Bewohner. Kartons mit Seife, Säcke mit Reis, Mehl und Karitébutter – eine ölige Paste, die aus Karitényssen hergestellt wird – werden auf Lastkähne geladen, während gestikulierende Händler Hammel- und Lammkeulen, lebende Ziegen, Hühner und Tauben über die Bordwand reichen. Unser Koch kauft von einer Fischhändlerin einen fetten *capitaine,* und statt Couscous gibt es mittags gebratenen Kapitän.

Ein Sandsturm zieht herauf. Luft und Wasser färben sich giftgrün, dann schwefelgelb. Wellen peitschen gegen das Ufer. Die Silhouetten der Häuser und Zelte verschwinden hinter einer Wolkenwand. Der Wind bauscht die Burnusse der Nomaden, die auf dem Boden kauernd ihre Gebete verrichten. Strohhüte, Gummisandalen und Blechschüsseln fliegen durch die Luft. Ein leerer Eimer rollt scheppernd die Ufertreppe hinab. Der Sturm zerrt an einer Plastikfolie, unter der am Kai gestapelte Waren vertäut liegen. Mit Menschen und Tieren beladene Pinassen tanzen unruhig auf den Wellen. Feine Staubkörner bohren sich wie Stecknadeln in meine Haut, verkleben die Augen, verstopfen Nasenlöcher und knirschen wie Sandpapier zwischen den Zähnen. Alles stiebt fluchtartig auseinander. Innerhalb weniger Minuten fällt die Temperatur um zwanzig Grad. Es donnert und blitzt, dann geht eiskalter, mit Hagel vermischter Regen nieder. Als ich die Tür der Kabine öffne, ist mein Bett mit rotem Sand bestreut, den der Sturm durch den Filter der Klimaanlage gepustet hat, der Boden von Regenwasser überschwemmt, in dem die aufgelösten Seiten meines Notizbuchs schwimmen.

Korioumé, 27. August

Seit Mitternacht ankert die *Tombouctou* in der Nähe von Timbuktu. Die Stadt liegt zwanzig Kilometer entfernt in der Wüste; der Hafen von Kabara kann wegen des niedrigen Wasserstands nicht angelaufen werden. Ich werde geweckt von den gellenden Rufen eines Lotsen, der das Schiff zum Landeplatz dirigiert; der Schein einer Taschenlampe tanzt wie ein Irrlicht über dem Wasser. Vor Sonnenaufgang wate ich ans Ufer, um ein Auto zu mieten für die Fahrt nach Timbuktu. Der Ortskommandant (*chef d'escale*) rät ab; nach dem letzten Regen seien die Straßen unpassierbar; es gebe kein Benzin, und der Wagen könne unterwegs eine Panne bekommen. Ich wage es trotzdem. Nach kurzem Feilschen bin ich mit dem Chauffeur handelseinig und nehme Platz auf dem Beifahrersitz eines klapprigen

Landrovers, auf dessen Rückbank sich vier oder fünf Touristen zwängen, während noch einmal so viele Einheimische in den Laderaum klettern – Trittbrettfahrer im wahrsten Sinne des Wortes. Nach kurzer Fahrt über einen holprigen Damm, vorbei an überschwemmten Reisfeldern, in denen Reusen ausgelegt sind, bleibt das Auto stehen. Das Kühlwasser kocht. Der Chauffeur schöpft Schmutzwasser aus einer Pfütze und gießt es ungefiltert in den Tank, nachdem er sich selbst einen kräftigen Schluck genehmigt hat; dieselbe Prozedur wiederholt sich drei- oder viermal. Kurz vor Kabara bleiben wir in einem Bachbett stecken; mit der eingebauten Abschleppwinde zieht der Landrover sich Zoll um Zoll aus dem Schlamm. Der Treibstoff geht zur Neige. Der Chauffeur verschwindet hinter einer Düne in einem Nomadenzelt und kommt wieder mit einer Konservendose voll Benzin, das hier literweise verkauft wird und dreimal so viel kostet wie in Bamako. Die Straße von Kabara nach Timbuktu ist frisch asphaltiert; linker Hand zweigt eine Piste zum Rollfeld ab, auf dem einmal pro Woche eine Propellermaschine aus Gambia landet. Der Polizist, der die Ausfallstraße zum Flughafen bewacht, befiehlt meinem Chauffeur, sich in Timbuktu bei der Polizei zu melden. »Muss das sein?« – »Es ist Vorschrift.«

Weil ich keinen Pass bei mir habe, entziehe ich mich der Meldepflicht durch einen Spaziergang, während der Fahrer auf der Polizeistation um die Höhe des Bestechungsgelds feilscht. Ein die Sehenswürdigkeiten herunterleiernder Oberschüler führt mich durch die staubigen Gassen. Timbuktu ist ein Tuareg-Wort, das »Wächterin am Brunnen«

heißt – einer anderen Version zufolge soll es »Nabel der Erde« bedeuten. Die Stadt, die heute nur noch 6 000 Einwohner hat – in der Blütezeit waren es 30 000 – zehrt von ihrer vergangenen Pracht: Zweistöckige Häuser aus gebranntem Lehm mit holzgeschnitzten, messingbeschlagenen Türen und Fensterläden, überragt vom Minarett der nach der Stifterin benannten Moschee Sankoré. In der Altstadt erinnert eine von Heinrich Lübke enthüllte Bronzetafel an den Timbuktu-Aufenthalt seines Namensvetters Heinrich Barth. Das Haus, in dem René Caillé wohnte, der dreißig Jahre vor Barth Timbuktu erreichte, wird vom französischen Kulturministerium restauriert. An der nächsten Ecke hängt eine Gedenktafel für den britischen Major Laing, der 1826 in voller Uniform nach Timbuktu einritt und diese Torheit mit dem Leben bezahlte; sein auf eine Lanze gespießter Kopf wurde am Stadttor zur Schau gestellt. So gedenkt der Kolonialismus seiner Pioniere und Märtyrer – auf Ibn Battuta, den arabischen Reisenden, der fünfhundert Jahre früher, in der Blütezeit des alten Malireichs, Timbuktu besuchte, weist keine Inschrift hin.

Höhepunkt des Rundgangs ist die Besichtigung der großen Moschee, für die ich zwei Euro Eintritt bezahlen muss – für hiesige Verhältnisse viel Geld: »Dies ist ein heiliger Ort, und du bist ein Ungläubiger.« Im Innern ist es kühl und dämmrig wie in einer Höhle; ein Wald sich nach oben verjüngender Säulen trägt die Decke; Bastmatten und Teppiche liegen auf dem Boden; in die Wände sind Gebetsnischen eingelassen für den Imam und die Gläubigen. Der Führer zeigt uns die Gräber der heiligen Zwillinge Hassan und Hussein, die angeblich hier beigesetzt sind. Ich durchquere einen Innenhof, in dem Krüge mit frischem Wasser für die vorgeschriebenen Waschungen bereitstehen, und erklimme über eine gewundene Wendeltreppe, auf der ich nur gebückt vorankomme, die Aussichtsplattform des Minaretts. Zu meinen Füßen liegt Timbuktu, eine Ansammlung würfelförmiger Häuser mit begehbaren Dächern, im Norden in der Hitze flimmernde Dünen, in Wellen fortlaufend bis zum Horizont, im Süden Reisfelder, dahinter, nicht sichtbar, der große Strom.

»*Watch your step* – treten Sie vorsichtig auf, sonst bricht der Boden unter Ihren Füßen ein!«

Überall Lehm: Lehm ist der Grundstoff der afrikanischen Architektur, schon aus praktischen Gründen, weil Holz, Steine und Eisen auf Schiffen, Lastwagen oder Kamelrücken transportiert werden müssen – Ausdruck eines erdnahen Lebens, das die Bodenhaftung noch nicht verloren hat.

Auf der Rückfahrt zum Schiff kommen wir an einem Zeltdorf sesshaft gewordener Nomaden vorbei, deren Behausungen an Jurten erinnern: mit Säcken behängte Gestelle aus dünnen Ästen, zugemüllt mit zerbrochenen Krügen, Körben und Kalebassen, ringsum Kinder mit aufgetriebenen Bäuchen, pickende Hühner und Ziegen. Die Bella, die hier leben, waren früher die Sklaven der Tuaregs; sie sind es, sagt man, noch heute. Vor sechs Monaten soll ein Tuareg-Nomade einen Bella getötet haben, weil der sich weigerte, ihm sein Reisfeld abzutreten. Der Richter, selbst ein Tuareg, sprach seinen Stammesgenossen frei, mit der Begründung, dieser habe von seinem angestammten Recht Gebrauch gemacht. Daraufhin wurde er von der Regierung seines Postens enthoben.

Rharous, 28. August

Das Leben im Sahel ist endloses Warten: auf den Beginn der Regenzeit, die Ankunft oder Abfahrt eines Schiffes, Busses oder Buschtaxis, Warten auf Zucker, Reis, Mehl, Öl oder Benzin, auf Zeitungen aus Bamako oder Paris, die mit mehrwöchiger Verspätung eintreffen, oder auf die Abendnachrichten von Radio France Internationale: Alles, vom Dieselgenerator bis zur Taschenlampenbatterie, muss auf dem Wasser- oder Landweg hergeschafft werden wie das Salz aus dem Innern der Sahara, dem die Tuaregs ihren Reichtum verdankten und das noch heute in Platten und Brocken auf Märkten angeboten wird.

Die *Tombouctou* läuft mit großem Getöse auf eine Klippe auf. Ein Zittern durchläuft den Schiffsrumpf, der Boden meiner Kabine neigt sich zur Seite, ich falle aus dem Bett. Am Ufer schwarze Basaltfelsen, auf denen Geier sitzen, dahinter mit Gesteinstrümmern übersäte Sanddünen. Der optische Eindruck täuscht – der Wüstensand hat die Felsen überweht. Die Hitze schlägt alle Rekorde, ich habe nachts kein Auge zugetan. Unsere Wasservorräte gehen zu Ende, und es gibt kein Brot mehr an Bord. Die Touristin aus Marseille schreibt Postkarten, die sie nicht abschicken kann. Ihr Mann träumt von Steak tartare und eisgekühltem Roséwein. Die Peace-Corps-Studentin besiegt mich im Schach. Auf dem Weg zur Kabine wate ich durch einen Schwarm von Heuschrecken, die wie Piraten über das Schiff herfallen. Bei jedem Schritt knirscht es unter den Fußsohlen. Nicht weit von hier wurde der Schotte Mungo Park 1806 in einen Hinterhalt gelockt und ermordet: »Es gewährte mir eine gewisse Genugtuung, dass ich einen Trupp Europäer samt vielem Gepäck über eine Strecke von mehr als fünfhundert Meilen geführt und dabei stets gute Beziehungen zu den Eingeborenen unterhalten hatte. Tatsächlich beweist diese Reise, dass man damit rechnen kann, nicht mehr als drei bis vier Mann zu verlieren, wenn man in der trockenen Jahreszeit aufbricht.« (*Aus Mungo Parks Reisebericht*)

Vorletzter Abend. Die Dünen leuchten rosa in der Dämmerung. Tuaregs in flatternden Burnussen stehen winkend am Ufer. Ein Knabe im blauen Kaftan scheucht eine Ziege vor sich her. Vor einer Hütte schwelt ein Holzkohlenfeuer, würziger Rauch streicht niedrig über den Fluss. Die Sonne versinkt in violettem Dunst. Ein Flusspferd streckt prustend seine Nüstern aus dem Wasser und gähnt mit weit aufgerissenem Maul. Ich breite meine Bastmatte auf dem Oberdeck aus, die Milchstraße vor Augen, aber an Schlaf ist nicht zu denken. Die von der Sonne aufgeheizte Schiffswand ist heiß wie eine Elektrokochplatte.

Bamba, 29. August

Draußen, im fahlen Licht der Morgendämmerung, ein verlassenes Dorf, Häuser mit eingestürzten Dächern, von Flugsand verwehte Gärten, Trümmer einer Moschee. Zwischen den Mauerresten haben Nomaden ihre Zelte aufgeschlagen. Zerlumpte Kinder, Männer und Frauen, wie Zigeuner wirkend, stehen dicht gedrängt am Ufer und sehen schweigend dem Schiff entgegen. Die Brücke wird heruntergelassen, ein Hauptmann der malischen Armee geht von Bord, gefolgt von einem Sergeanten in grüner Uniform. Er wechselt ein paar Worte mit dem Dorfältesten. Ein in Laken gewickelter Leichnam wird an Land getragen, der Zipfel eines lila Kopftuchs, wie es hierzulande die Frauen tragen, schaut aus einer zusammengerollten Bastmatte hervor.

Die Dorfbewohner treten respektvoll zur Seite, eine Gasse öffnet sich in der Menge, die Tote wird im Innern eines Mauergevierts auf den Sand gebettet. Ihre Habseligkeiten – ein Blecheimer, ein Kochgeschirr mit geblümten Tellern und Schüsseln, ein Stoffbündel, eine Decke – werden an Land gebracht. Zwei Frauen waschen das Laken, in das der Leichnam gewickelt war, und hängen es an Mauervorsprüngen zum Trocknen auf. Stille Geschäftigkeit, feierlich, ohne Sentimentalität. Die Angehörigen versammeln sich vor der Ruine, in der die Verstorbene zur letzten Ruhe gebettet wird, und schnüren ihr Bündel auf. Die Sonne durchsticht den Nebel und taucht das Dorf in diesiges Licht, das die Konturen verschwimmen lässt; die Szene wirkt gespenstisch, unwirklich. Nach einer halben Stunde ist alles vorüber, das Schiff legt ab und lässt die Tote mit den trauernden Hinterbliebenen am Ufer zurück.

Später erzählt mir der Steward, dass die Frau in Mopti an Bord gekommen sei, um nach Gao ins Hospital gebracht zu werden. Sie starb im Lauf der Nacht, als das Schiff auf einer Sandbank festlag. Mehr ist nicht in Erfahrung zu bringen.

Bourem, 30. August

Die *Tombouctou* rührt sich nicht von der Stelle. Zuerst fiel das Funkgerät aus, dann einer der Dieselmotoren. Die Kardanwelle ist kaputt, und bei der gestrigen Havarie hat sich eine Schiffsschraube verbogen. Ersatzteile müssen per Funk bestellt werden. Die Ankunft in Gao verzögert sich. Aus ein paar Stunden Verspätung sind Tage geworden. Kinder aus Bourem klettern die Bordwand hoch, betteln um Feuerzeuge und Kugelschreiber. Seit acht Monaten hat kein Schiff mehr hier angelegt. Die Brücke wird herabgelassen, aber sie reicht nicht bis zum Kai. Jedes Mal, wenn ein Passagier in eine Pfütze tritt, jauchzen die Kinder vor Vergnügen. Sonderapplaus für einen Franzosen, der seine Frau trockenen Fußes von Bord trägt. Ein Junge pinkelt im Sitzen, ein kleines Mädchen stehend in den Fluss. Zwischen den Beinen der Zuschauer irren Küken umher.

Draußen eine bizarre Mondlandschaft, verwitterte Basaltfelsen, Sanddünen in allen Abstufungen von Rot, Orange, Gelb und Braun. Der Mann aus Marseille studiert eine Landkarte. Der Koch hat Bauchschmerzen. Der Rucksacktouristin, die in der Nacht Fieber bekam, geht es heute besser. Die Funkverbindung ist wiederhergestellt, das Ersatzteil unterwegs, der Motor springt an. Möwen über dem Fluss. Wir nähern uns dem Endpunkt unserer Reise. Am Ufer Dattelpalmen, darüber ein Antennenmast: Gao, eine Oase in der Wüste, Endpunkt der Transsaharapiste. Vorfreude auf frisches Brot und kaltes Bier.

POSTSKRIPTUM

Wer war die Tote, die in Bamba von Bord getragen und beigesetzt wurde in einem anonymen Grab, das keinen Namen und keine Inschrift trug – nicht mal eine Koransure oder einen Hadith? Und wer war der Reisende, der mit dem Schiff durch die Wüste fuhr und alles notierte, was er hörte und sah, nüchtern und emotionslos wie ein Tonbandgerät oder eine Videokamera? Gab es eine Verbindung zwischen beiden, und wenn ja – worin bestand sie? Ein Vielgereister ist sterblicher als ein Niegereister, der seine Heimat nicht verlässt, schreibt Max Dauthendey. Jean-Philippe Toussaint hat den gleichen Gedanken weniger poetisch, aber genauer ausgedrückt mit dem Satz, dass mit dem Reisen die Möglichkeit zu sterben einhergeht – oder die Möglichkeit, Sex zu haben. La grande et la petite mort – zwei Seiten derselben Angelegenheit, weil auf Französisch der kleine Tod gleichbedeutend mit dem Orgasmus ist.

Ich weiß nicht, wer die Verstorbene war, die mit den Füßen zuerst von Bord getragen wurde, kenne weder ihren Namen noch ihre Herkunft oder ethnische Identität – früher sagte man Stammeszugehörigkeit. Ich habe keine Ahnung, ob sie Leibeigene oder Aristokratin, sesshaft oder nomadisch, eine Tuareg-Frau, Bambara, Mandingo oder Mauretanierin war. Ihre Haut war bernsteinfarben, nicht braun, nur die Innenseiten der Hände waren weiß, ebenso wie die Unterseiten der Füße, aber das hat nichts zu sagen, weil Handflächen und Fußsohlen stets heller als der übrige Körper sind. Als man sie an der Uferböschung niederlegte zwischen den Mauerresten einer Karawanserei, sah ich im Teleobjektiv – ich fotografierte die Szene, pietätlos wie ich bin – ein sprechendes Detail: Die Tote trug Messingreifen an Hand- und Fußgelenken, vielleicht waren die im Morgenlicht blitzenden Arm- und Beinreifen auch aus Kupfer oder aus Gold, das konnte ich nicht erkennen, aber es war unwahrscheinlich, denn dann hätten die Hinterbliebenen ihr den Schmuck abgestreift und nicht mit der Toten im Sand verscharrt. Ein sprechendes Detail, das wie die in den Kräutertee getauchte *Madeleine* bei Proust Erinnerungsschübe auslöste an etwas, das ich nachträglich verdrängt und in einem Akt der Selbstzensur aus dem Gedächtnis gestrichen hatte.

Ich meine den periodisch wiederkehrenden Spuk, der sich nach Mitternacht, wenn die Nilpferde an Land wateten, um in Ufernähe gelegene Felder abzuweiden, auf dem Oberdeck abspielte, während wabernder Nebel das in der Flussmitte ankernde Schiff den Blicken entzog. Ja, du hast richtig gehört, lieber Leser, es war nächtlicher Spuk, ein nicht mit Händen zu greifendes, nie dingfest zu machendes Gespenst, das auf Ansprache oder Zurufe nicht reagierte, weil es wie eine altägyptische Mumie in Leintücher oder Leichentücher gewickelt war, in denen ich mich heillos verhedderte. Sicher ist nur, dass der Schiffsgeist nicht aus leerer Luft, sondern aus Fleisch und Blut bestand, ein bebender Körper, überzogen mit atmender Haut, die Schweiß absonderte und salzig schmeckte, wenn man sie mit der Zungenspitze berührte. Ich weiß, wovon ich rede, denn die Erscheinung hat mich mehr als einmal heimgesucht und um den Schlaf gebracht, indem sie auf leisen Füßen, an denen Messingreifen klirrten, vielleicht war es auch Kupferschmuck, zur Tür meiner Kabine schlich und mich, französische Koseworte und arabische Flüche flüsternd, in den engen Durchgang zwischen den Decksaufbauten lockte. Dort zog sie mich, an den noch warmen Schiffsschornstein gelehnt, der nach Ruß und Dieselöl stank, stöhnend an sich, indem sie die Arme um meinen Nacken und die Beine um meine Hüften schlang und sich so heftig an mir rieb, dass ihre Arm- und Beinreifen mir den Rücken wund scheuerten. Der Spuk wiederholte sich Nacht für Nacht, bis die aidskranke Hure, die im Schutz der Dunkelheit das Zwischendeck verließ, zu entkräftet war, um weiter anschaffen zu gehen. All das hat der an dem Geschäft beteiligte Steward mir erst erzählt, als es für ärztliche Hilfe zu spät und die Frau verstorben war.

SIEBENTE NACHT:
MORGAN'S GUEST HOUSE, ITURI-PROVINZ, KONGO

»Tarzan seufzte. Der Dschungel war stärker als die Zivilisation ...«
(Edgar Rice Burroughs: *Tarzans Rückkehr in den Urwald*)

1

Immer öfter erreichen mich Zuschriften von Lesern meiner Bücher, die wissen wollen, ob ich in Afrika Menschenfleisch gegessen habe, und falls ja – wo es das gibt und wie es schmeckt. Da ich kein Restaurantkritiker und auch kein Kenner der *nouvelle cuisine africaine* bin, gab ich die Frage weiter an den Taxifahrer, der mich vom Flughafen in Kinshasa zu einem in der Innenstadt gelegenen Hotel beförderte. »Oui, Monsieur«, brummte der Chauffeur, und es war mir nicht klar, ob er sich über meine Frage mokierte oder ob die Antwort ernst gemeint war: »Oui, Monsieur, aber das Restaurant hat heute zu, und der Geschmack hängt von der Qualität des Fleischs und der Art der Zubereitung ab.« Da ich keine Lust hatte, mich mit Gemeinplätzen abspeisen zu lassen, beschloss ich, der Sache auf den Grund zu gehen, und bat den Taxichauffeur, mir den Namen und die Adresse des Restaurants aufzuschreiben, das, wie er sagte, aus religiösen Gründen von Freitag bis einschließlich Sonntag geschlossen, an Wochentagen aber geöffnet sei. Das Restaurant hieß *Le Carnivore*, den Spezialitäten entsprechend, die dort angeboten wurden, und lag am Nordufer des Flusses, in Brazzaville, Hauptstadt der vormals französischen Kongorepublik, die sich vom früheren Belgisch-Kongo durch ihre koloniale Vergangenheit ebenso sehr unterschied wie durch ihr marxistisches Militärregime. Trotzdem oder gerade deshalb (zwei Konjunktionen, die heute fast synonym gebraucht werden) wurde das am französischen Lyzeum von Brazzaville erworbene *baccalauréat* in Paris anerkannt, das am belgischen Vorbild orientierte Abitur aus Kinshasa jedoch nicht: Vielleicht war dies der Grund, warum hübsche junge Zairerinnen in Einbäumen und Pirogen, manchmal sogar schwimmend, den reißenden Fluss überquerten, um in Brazza, wie die Stadt in der Umgangssprache hieß, ihre Reifeprüfung abzulegen.

Nach Einbruch der Dunkelheit gaben sich die Abiturientinnen, von denen nur die wenigsten einen Pass, geschweige denn eine Aufenthaltsgenehmigung besaßen, ein Stelldichein mit in Brazzaville stationierten Entwicklungshelfern und Diplomaten, die auf der Suche nach frischem Fleisch das an der Uferpromenade gelegene Restaurant frequentierten. Wenn ich von Fleischbeschau spreche, heißt das nicht, dass die jungen Frauen, die hier ihre Haut zu Markte trugen, in Stücke zerlegt wurden, um auf Holzkohlefeuern gegrillt und anschließend verspeist zu werden – das geschah nur in Ausnahmefällen. Sie wurden neugierig oder anzüglich begafft und begrapscht, und es konnte lange dauern, bis ein Kunde sich etwas Passendes aus dem Warenangebot herausgesucht hatte. Manchmal ging auch alles ganz schnell, sodass es angemessener wäre, von einem Sklavenmarkt zu sprechen. »Sklaverei ist süß – glaubt es, liebe Liberale!«, hielt Fürst Pückler seinen Kritikern entgegen, als er mit einer auf dem Kamelmarkt in Kairo gekauften Äthiopierin namens Machbuba nach Muskau zurückkehrte. Der Erfinder der halbgefrorenen Nachspeise wusste, wovon er sprach, weil Sex die neueste und zugleich älteste Form der Sklaverei ist, bei der, um mit Marx zu sprechen, ein nicht habendes Brauchen der einen Seite auf ein nicht brauchendes Haben der anderen Seite trifft.

2

Früh am Morgen war ich, aus Brüssel kommend, in Kinshasa gelandet, wo mich unter einem Transparent mit der Aufschrift LE BEAUJOLAIS NOUVEAU EST ARRIVÉ – das war das verabredete Erkennungszeichen – ein Funktionär der Einheitspartei erwartete, deren Akronym mir entfallen ist – hieß sie nun MRP oder MPR? Damals wurde das Land noch von Mobutu regiert, der den Kongo in Zaire umbenannt hatte und mit vollem Namen Mobutu Sese Seko Kuku Ngbendu wa Zabanga hieß – der Leopard, der überall, wo er hintritt, verbrannte Erde hinterlässt. Nach einem Besuch der Volksrepublik China hatte Mobutu, begeistert von den Mao-Anzügen seiner Gastgeber, zusammen mit der Einheitspartei seinem Volk eine Einheitskleidung verordnet, genannt ABACOST (von *à bas le costume*: nieder mit dem

Anzug), eine Parteiuniform mit hochgeschlossenem Kragen, denkbar ungeeignet für das Klima der am Äquator gelegenen Kongorepublik.

Genau genommen war der Mann mit den Stammesnarben im Gesicht, der mich unter dem Motto LE BEAUJOLAIS NOUVEAU EST ARRIVÉ auf dem Flugfeld erwartete, kein Funktionär der Einheitspartei, sondern der Vorsitzende des Schriftstellerverbands – ein Farbtupfer auf dem Rücken der Boa constrictor, die das Land in ihrem Würgegriff umklammert hielt. Am Tag des Militärputschs, dessen zwanzigstes Jubiläum in dieser Woche gefeiert wurde, hatte der Feldwebel mit einer Handvoll Soldaten die Sendezentrale besetzt und die Meldung von der Machtergreifung Mobutus über Radio und Fernsehen verlesen. Seitdem galt er als Medienexperte, und in Anerkennung seiner Verdienste hatte der Präsident ihn zum Oberst und später zum Staatssekretär für Kultur befördert, zu dessen Ressort auch die Literatur gehörte.

Der Oberst mit den Stammesnarben befahl seinem Adjutanten, einem kurzsichtigen Intellektuellen, zu meinem Empfang ein Gedicht aufzusagen, aber das war zu viel verlangt. »Ich schreibe keine Lyrik, nur Prosa«, sagte der Verbandsfunktionär, blinzelnd hinter dickwandigen Brillengläsern, und wischte sich mit dem Taschentuch den Schweiß von der Stirn, während wir unter einem vom Wind gebauschten Transparent hindurchschritten, das den neuen Beaujolais in Zaire willkommen hieß. »Das nächste Mal will ich ein Gedicht von dir hören – ist das klar?«, sagte der Staatssekretär und drohte seinem Untergebenen scherzhaft mit dem Finger. Zu meiner Überraschung führte er mich, statt zur Pass- und Zollkontrolle, zur Hintertür des Flughafengebäudes und von dort über Treppen und Korridore in die Küche des Flughafenrestaurants, wo ein Koch mit weißer Mütze den Deckel eines Kochtopfs lüftete. Seit der Zwischenlandung in Ouagadougou hatte ich nichts mehr gegessen, und das Wasser lief mir im Mund zusammen in Erwartung von Boeuf Bourguignon oder Boeuf Stroganoff – ich hätte auch mit Menschenfleisch Vorlieb genommen, wenn es gut abgehangen, richtig gewürzt und auf kleiner Flamme gegart worden wäre. Doch statt mit Kalbshaxen war der Topf mit Rohdiamanten gefüllt, die der Koch, als handle es sich um eine schmackhafte Speise, mit dem Holzlöffel umrührte und mir zu einem Spottpreis zum Kauf anbot. Heute wäre ich ein gemachter Mann, hätte ich damals das Glück beim Schopf gepackt und mein Geld krisenfest angelegt. Aber weil ich ungeschliffene Diamanten nicht von Glassplittern unterscheiden kann, sagte ich Nein zu dem lukrativen Geschäft, das der Staatssekretär einfädeln wollte, um einen armen Schlucker wie mich am Reichtum seines Landes teilhaben zu lassen.

Sein kurzsichtiger Assistent stempelte mir ein Visum in den Pass und führte mich durch die Zollkontrolle, die sich nicht für mein Gepäck interessierte, auf die Straße, wo ich es vollends mit meinem Wohltäter verdarb, indem ich, statt in den Dienstwagen des Kulturministeriums einzusteigen, ein Taxi herbeiwinkte, dem Fahrer die Adresse meines Hotels nannte und, ohne um den Preis zu feilschen, in Richtung Innenstadt davonbrauste.

3

Der Kongo schmatzte und gluckste, er teilte sich gehorsam vor dem Bug der Piroge, deren Schraube Blasen aufwirbelte und eine gelbe Schaumspur durchs schwarze Wasser zog, Pflanzenteppiche trieben vorbei, die sich zu schwimmenden Inseln verdichteten, und beim Blick auf den vermummten Fährmann kam ich mir vor wie Odysseus – oder war es Orpheus? –, der den Styx überquert, um ins Schattenreich einzutauchen, im Rücken die glitzernde Skyline von Kinshasa, vor mir eine von Fledermäusen umschwirrte Anlegestelle, an der ein Offizier in olivgrüner Uniform mich erwartete. Wie die Abiturientinnen aus Zaire reiste ich ohne Visum und ohne Pass nach Brazzaville ein, dessen marxistisches Militärregime im Ruf stand, mit Kapitalisten nicht gerade zimperlich umzuspringen. Bürger westlicher Staaten galten als Spione und konnten von Glück reden, wenn sie nach Zahlung einer Geldstrafe abgeschoben wurden; wer kein Geld hatte, schmorte Wochen oder Monate in einem von Moskitos verseuchten Gefängnis, wo das Risiko, an Malaria oder Aids zu erkranken, höher war als anderswo auf dem Kontinent.

Am liebsten hätte ich auf der Stelle kehrtgemacht, aber es war zu spät, der Fährmann warf dem Offizier die Leine des Bootes zu, und ein am Ufer installierter Scheinwerfer tauchte die Anlegestelle in blendendes Licht. »Ihre Papiere bitte!« Statt Pass oder Personalausweis gab ich dem Leutnant der Grenztruppen eine gedruckte Visitenkarte mit Namen, Adresse und der mehrsprachigen Bezeichnung meines Berufs: writer, écrivain, scrittore, escritor, pisatel.

»Sie sind also Schriftsteller«, sagte der Offizier, die Karte unschlüssig zwischen den Fingern drehend. »Und was schreiben Sie, wenn man fragen darf?«

»Prosa«, sagte ich wahrheitsgemäß, »Romane, Erzählungen und Essays.«

»Ich schreibe Lyrik«, rief der Leutnant freudestrahlend und deklamierte ein langes Gedicht für oder gegen – das ging aus dem Text nicht hervor – Savorgnan de Brazza, den Afrikaforscher und Intimfeind von Stanley, nach dem die Stadt benannt war.

Das Licht erlosch, und ich verscheuchte mit wedelnden Armen eine Fledermaus, die mich auf der Jagd nach Moskitos umkreiste.

»Einen Augenblick«, sagte der Offizier und nahm die Mütze ab. Er schlug sich mit dem Handrücken ins Gesicht und tötete eine Stechmücke, die auf der schweißnassen Stirn einen wie ein Rohrschachtest geformten Blutfleck hinterließ. »Konterrevolutionäre und Imperialisten sind perfekt getarnt. Wer sagt mir, dass Sie wirklich Schriftsteller sind?«

Statt einer Antwort zeigte ich ihm den Ausweis des Schriftstellerverbands, genauer gesagt die Mitgliedskarte der Mediengewerkschaft, der die Autorenvereinigung angehörte, und erklärte ihm, dass die Karte mich zum kostenlosen Besuch von Museen und Bibliotheken berechtige. Meinen Presseausweis hatte ich sicherheitshalber im Hotel gelassen.

»Genau wie in Kuba«, sagte der Leutnant anerkennend und winkte mich unkontrolliert durch. Und erst jetzt bemerkte ich, dass sein olivgrüner Kampfanzug und die Mütze mit dem fünfzackigen Stern aus Havanna importiert oder einer kubanischen Guerillauniform nachempfunden waren.

4

Das Restaurant *Le Carnivore* lag am Ufer des Flusses, unterhalb der Stromschnellen, an denen Stanley sein Stahlboot *Lady Alice* zum letzten Mal auseinandernehmen und wieder zusammensetzen ließ, um dann fluchend festzustellen, dass die Weiterfahrt nicht möglich war, weil der Kongo über steile Felsterrassen, Katarakte genannt, in den Atlantik floss. Abiturientinnen mit hochhackigen Schuhen und farbenprächtigen Boubous räkelten sich an der Bar, es roch nach Holzkohlen und gegrilltem Fleisch, und ein Trio, bestehend aus Saxofon, Gitarre und Schlagzeug, spielte *Take Five*, so quälend langsam und zerdehnt, als habe Dave Brubeck keinen Wachmacher komponiert, sondern ein Wiegenlied. Vielleicht hieß der Song, den die Band intonierte, auch *Guantanamera*, passend zur Guerillauniform des vor der Tür postierten Soldaten, und damit war das Repertoire auch schon erschöpft, sodass in fliegendem Wechsel *Take Five* und *Guantanamera* erklangen, eine subtile Folter, als würden hier nicht nur Steaks, sondern auch die Gäste des Restaurants auf kleiner Flamme geschmort.

»Mein Name ist Giorgio, und ich komme direkt aus dem Busch«, sagte ein Italiener mit Dreitagebart, der wie ein Entwicklungshelfer aussah – oder war es ein Entwicklungshelfer, der wie ein Italiener aussah? –, und setzte sich unaufgefordert neben mich. Eine libanesische Großfamilie umlagerte das Büffet, von Kindermädchen bewachte Kinder liefen zwischen den Tischen umher, und die wenigen freien Plätze waren von Abiturientinnen besetzt, die den Barbesuchern schmachtende Blicke zuwarfen. »Einmal im Monat fahre ich nach Brazza«, erzählte der Italiener, »um zu fressen, zu saufen und mich sexuell auszutoben – all das, was ich im Hinterland nicht kann. Dort ist das höchste der Gefühle ein Stück Affenfleisch.«

Ich hätte den Entwicklungshelfer gern gefragt, ob er Affen als Sexpartner oder als Nahrungsquelle betrachtete, aber ich behielt die Frage lieber für mich. »Die Bakongo – so heißen die Einheimischen«, fuhr er nach einer Pause fort, »die Bakongo essen alles, was kreucht und fleucht, Buschratten, Heuschrecken und Tausendfüßler.« Der Italiener schüttelte sich vor Ekel und bestellte eine Literflasche Primus-Bier und einen doppelten Cheeseburger. Er war Zoologe von Beruf, und der World Wildlife Fund hatte ihn in den Busch geschickt, um bedrohte Spezies wie das Okapi, das Waldnashorn und das Zwergflusspferd vor der Ausrottung zu bewahren – eine undankbare Aufgabe, weil er die scheuen Tiere nie zu Gesicht bekam.

Nach dem Essen zündete sich der Entwicklungshelfer eine Zigarette an, und im Lichtschein der Streichholzflamme sah ich, dass das Weiß seiner Augäpfel so safrangelb war wie seine von Mückenstichen gekerbte Haut. »Keine Sorge«, sagte er, als habe er meine Gedanken erraten: »Ich habe weder Hepatitis noch Malaria, sondern etwas Ernsteres, wogegen kein Lariam hilft und auch kein Resochin.«

Den Italiener plagte Liebeskummer: Seine Freundin Christophine, eine Abiturientin aus Zaire, hatte wider Erwarten die Reifeprüfung bestanden und sich mit ihrem Diplom nach Paris abgesetzt, angeblich, um dort Betriebswirtschaft zu studieren – in Wahrheit ging sie an der Porte Saint-Denis auf den Strich. »Und ich Idiot habe Christophine das Abitur finanziert!«

»Warum kehren Sie nicht nach Italien zurück?«

»Ja – warum nicht? Ich habe Frau und Kinder in Rom. Aber irgendetwas hält mich gegen meinen Willen hier zurück. Sehen Sie das Okapi dort drüben?« Er wies mit diskretem Fingerzeig auf eine Bardame, die eine an einen Zahnstocher gespießte Olive mit der Zunge umfasste und im Gehege ihrer Zähne verschwinden ließ, wobei sie genüsslich die Augen schloss.

Der richtige Zeitpunkt war gekommen, ich hielt nicht länger hinter dem Berg und stellte die Gretchenfrage: »Haben Sie schon einmal Menschenfleisch gegessen, oder wissen Sie, wo man welches bekommt?«

»Menschenfleisch gibt es nur in Kisangani oder weiter östlich, in Bunia, aber auch da nur unter dem Ladentisch. Fragen Sie nach Mami Wata. Das ist ein Maquis am Flussufer. Mami Wata ist die Küchenchefin dort.«

Ein Maquis ist ein afrikanisches Restaurant, eine Imbissstube besser gesagt, in die sich nur selten ein Europäer verirrt, und während ich noch darüber nachsann, wann und wo ich den Namen Mami Wata schon gehört hatte, fuhr eine Windbö durch die Gartenwirtschaft, riss Äste von den Bäumen, fegte Servietten von den Tischen und warf eine Bierflasche um, deren schäumender Inhalt sich in meinen Schoß ergoss.

»Kaum redet man von Mami Wata, ist sie auch schon da!« Giorgio wurde blass unter seiner safrangelben Haut und verließ fluchtartig das Lokal.

5

Mami Wata ist das westafrikanische Pendant zu Yemayá, Erzulie oder Maman Zimbie, eine Voodoo-Hexe oder Nixe, die in Flüssen, Seen oder Teichen haust und jeden, der ihr zu tief in die Augen blickt, auf den kühlen Grund herabzieht wie in Heines *Loreley* oder in Goethes Ballade vom Fischer: »Halb zog sie ihn, halb sank er hin, / und ward nicht mehr gesehn.« Der Zweizeiler drehte sich als Endlosschleife in meinem Kopf, während ich auf einen baufälligen Bootsschuppen zuschritt, angestrahlt vom Schein einer roten Laterne, die in der vom Fluss her wehenden Brise schaukelte. Der Name MAMI WATA war auf die Tür des Hangars gepinselt, neben dem Bild einer Wassernixe, die in ein Muschelhorn blies, und es war mir nicht klar, ob ich eine Bar, ein Bordell oder einen Voodoo-Tempel vor mir hatte. Dabei fiel mir ein, dass der Mami-Wata-Kult Menschenopfer einschloss, kleine Kinder zumeist, aber es durften auch Erwachsene sein, und bei diesem Gedanken wurde mir *kühl bis ans Herz hinan*, wie es bei Goethe heißt.

»Kann ich Ihnen helfen?«, fragte jemand aus dem Off, und eine junge Frau, die ihrem penetranten Parfüm nach das älteste Gewerbe der Welt ausübte, steppte auf hohen Absätzen in den Lichtkreis der Laterne – nur das tiefe und raue Timbre ihrer Stimme passte nicht dazu. »Ich suche Mami Wata.« – »Das bin ich«, krächzte die Unbekannte, drehte sich aufreizend langsam um 180 Grad und kehrte mir ihren in hautenge Jeans gezwängten Hintern zu.

»Sie lügt«, rief eine zweite, grell geschminkte Person, die, von Nachtfaltern umflattert, aus dem Schatten des Hangars trat. »Ihr Name ist Lili Marleen – ich bin die richtige Mami Wata.«

»Glauben Sie ihr kein Wort«, schrie die Hure Nummer eins und ging mit gezücktem Stöckelschuh auf ihre Konkurrentin los, die mit geschwungener Handtasche den Angriff parierte. »Das Etablissement ist geschlossen, Mami Wata ist tot.«

Die beiden zogen einander an den Haaren, bissen und kratzten sich, und ich überlegte, ob ich mich einmischen oder die Flucht ergreifen sollte, als ein Jeep mit quietschenden Bremsen neben mir hielt. »Es ist kurz vor Mitternacht«, sagte der Leutnant der Grenztruppen, der mir die Einreise erlaubt hatte, »in zehn Minuten läuft Ihre Aufenthaltsgenehmigung ab.« Ohne den Damenringkampf zu beachten – erst als sie durch den Uferschlamm rollten, ließen die Kampfhähne oder -hennen voneinander ab –, bugsierte er mich auf den Beifahrersitz, verriegelte die Tür und gab Gas. Im Scheinwerferlicht kreuzende Fledermäuse wiesen uns den Weg zur Anlegestelle, wo der vermummte Fährmann mich erwartete.

»Die Unmoral ist ein Erbe der Kolonialzeit«, sagte der Leutnant entschuldigend. »Wir haben die Prostitution abgeschafft, aber die Überreste der Vergangenheit noch nicht restlos beseitigt. Männer, die sich als Frauen verkleiden, zum Beispiel.« Er blinzelte mir vielsagend zu. »In Kinshasa breitet sich die Aids-Epidemie aus, doch Brazzaville – der Revolution sei Dank! – ist gegen den Virus immun.«

6

Das Gästehaus der Regierung – es diente gleichzeitig als Offizierskasino – war im früheren Yachtclub untergebracht, einem avantgardistischen Pavillon im Stil des Atomiums, das ich als Zwölfjähriger, während meine Mutter sich in Knokke erholte, auf der Weltausstellung in Brüssel besichtigt hatte. Damals stand der Kongo noch unter belgischer Vormundschaft, und der Yachtclub war ein beliebter Treffpunkt der Kolonialbourgeoisie, mit Swimmingpool, Golf- und Tennisplätzen. Von der alten Pracht war nicht viel übrig geblieben, ein morscher Bootssteg, von Unkraut überwucherte Umkleidekabinen und ein leeres Schwimmbecken, das als Depot für Limonade- und Bierkästen diente. Aber hinter der geschwungenen Bar stand ein Heer von Kellnern bereit, um den an Nierentischen sitzenden Gästen jeden Wunsch zu erfüllen, obwohl es außer Steaks mit Pommes frites nichts zu essen gab – extravaganter Luxus in einem Land, dessen Bevölkerung Hunger litt.

»*Ladies first*«, sagte der Oberst mit den Stammesnarben im Gesicht, der, wie sein Adjutant mir zuflüsterte, vom Staatssekretär zum Minister befördert worden war, »*ladies first* heißt das Motto der zairischen Revolution.«

Der Oberst winkte den Kellner heran und befahl ihm, seiner übergewichtigen Gattin und seiner schmalbrüstigen Tochter Beaujolais nouveau einzuschenken, aber es gab keinen Wein, nur Primus-Bier oder Sucré. »Ist das Bier kalt?« – »Oui, mon général!« – »Dann gib den Herren Primus und den Damen Sucré – ist das klar?« – »Oui, chef!«

Wir hoben die Gläser und prosteten einander zu, und der Oberst hielt eine Tischrede über die Völkerfreundschaft im Allgemeinen und die deutsch-zairische Freundschaft im Besonderen, die in der Behauptung gipfelte, kein tropischer Orkan könne die Spuren meines literarischen Werks von der

Erdoberfläche tilgen. Es war, als habe er die Elemente herausgefordert und Mami Wata aus dem Schlaf geweckt, denn im selben Augenblick fielen aus niedrig ziehenden Wolken eiskalte Regentropfen, die auf warmen Kacheln verdampften, und kühler Wind fegte über die Terrasse, der sich zum Sturm steigerte und uns ins Innere des Gebäudes vertrieb.

Beim Essen gab der Assistent des Kulturministers Proben seines dichterischen Könnens und rezitierte eine schier endlose Ballade, die auf Französisch begann und in Lingala endete: Ein Taxichauffeur stiehlt einen Koffer voll Geld, aus dem statt der Beute eine Boa constrictor zum Vorschein kommt, die seinen Hals umschlingt und ihn zu ersticken droht. »Lass mich am Leben«, stöhnt der Taxifahrer, aber die Boa lockert den Würgegriff erst, als der Chauffeur ihr verspricht, den Koffer seinem rechtmäßigen Besitzer zurückzugeben. »Und wie komme *ich* zu Geld?« – »Ganz einfach«, zischt die Schlange: »Du nimmst einen Hundert-Zaire-Schein und schreibst so viele Nullen hinzu, wie du willst – dann bist du ein gemachter Mann!«

Zum Nachtisch sang die Tochter des Kulturministers, mir zu Ehren oder um Mami Wata zu besänftigen, ein deutsches Lied, das mir bekannt vorkam: »Ich weiß nicht, was soll es bedeuten, / dass ich so traurig bin / Ein Märchen aus uralten Zeiten / das kommt mir nicht aus dem Sinn.« Ich klatschte Beifall, und der Kellner servierte der Sängerin eine doppelte Portion Schokoladeneis, über das sie sich mit Heißhunger hermachte. Danach wurde ihr schlecht, sie erblasste und rannte zur Toilette, um sich zu übergeben.

»Ihre Tochter hat musikalisches Talent«, sagte ich zu meinem Gastgeber, ohne zu wissen, dass ein derartiges Kompliment in Afrika als Heiratsantrag galt.

»Wollen Sie sie heiraten?«

Der Oberst stand auf, drückte mich an seine mit Orden gespickte Brust und stülpte mir eine Leopardenfellmütze auf den Kopf zum Zeichen, dass ich in den Familienclan aufgenommen war.

»Tut mir leid – ich bin schon verheiratet.«

»Das macht nichts«, sagte der Oberst und signalisierte dem Kellner mit kreisender Hand, dass die Bewirtung auf seine Rechnung ging. »Sie sind kein Moslem, also dürfen Sie nicht nur vier, sondern unbegrenzt viele Frauen heiraten!«

7

Ortswechsel/Zeitsprung. Zehn Jahre später rückte ich mit der Befreiungsarmee von Laurent Kabila in Kisangani ein. Die am Oberlauf des Kongo gelegene Stadt, früher Stanleyville, war das von Joseph Conrad geschilderte Herz der Finsternis: Hier schlug Henry Morton Stanley auf einer Flussinsel unterhalb der nach ihm benannten Fälle sein Lager auf, und neunzig Jahre später massakrierten Regierungstruppen und weiße Söldner, unter ihnen der berüchtigte Kongo-Müller, angebliche Rebellen, die für Menschenrechte und Demokratie kämpften. »Man hatte sie Feinde genannt, Verbrecher, Arbeiter – und dies waren nun Rebellen«, schrieb Joseph Conrad *avant la lettre* dazu: »Mir kamen die rebellischen Köpfe auf ihren Stecken ziemlich unterwürfig vor.«

In Kisangani war die Zeit stehen geblieben. Wie 1871, als Stanleys Karawane hier durchzog, war der Urwald leer geschossen und der Fluss leer gefischt. Auf den Märkten gab es nichts zu kaufen außer Streichhölzern, die nicht mehr zündeten, und von der Tropensonne zu Zement gehärteter Zahnpasta. Mobutu hatte sein letztes Aufgebot nach Kisangani geschickt: Mit der Aussicht auf reiche Beute angeworbene Söldner aus Kroatien hatten die Duty-free-Lounge des Flughafens geplündert und zum Folterzentrum umfunktioniert, bis Kabilas Befreiungsheer ihr Schreckensregiment beendete und die Söldnertruppe zusammen mit libanesischen Diamantenschmugglern, genannt *bana ya ya koma*, auf Schnellbooten nach Kinshasa flüchtete.

Trotzdem war es vorschnell, von Befreiung zu sprechen, denn aus Sicht der einheimischen Bevölkerung waren Mobutu und sein Erzfeind Kabila ein und dieselbe Person, weil beide mit zweitem Vornamen Désiré hießen. Der afrikanische Aberglaube enthielt einen wahren Kern, denn der Rebellenführer war genauso korrupt wie der Staatschef und hatte zuerst Lumumba und dann Che Guevara im Stich gelassen, der sich am Tanganjikasee mit feindlichen Soldaten und Moskitos herumschlug, während Kabila in einem Kairoer Luxushotel logierte. Bei seiner ersten Amtshandlung, einer Rede im Fußballstadion, senkte er per Akklamation den Bierpreis von einer Million auf 100 000 Zaire, doch das änderte nichts daran, dass Bier für die dürstende Bevölkerung ein unerschwinglicher Luxus blieb.

Ich saß in einem Nganda genannten Bistro am Ufer des großen Flusses, über dem sich ein elektrisches Gewitter zusammenbraute, und bestellte, ohne die Folgen zu bedenken, eine Literflasche Primus-Bier. Der Gerstensaft verursachte einen Menschenauflauf, und um den Andrang zu kanalisieren, wählten die Durstigen einen Sprecher, der die gerechte Verteilung überwachte. Ich spendierte einen ganzen Kasten, und die Bierflaschen wanderten von Hand zu Hand und von Mund zu Mund, während ich leer ausging. Aber das war kein Verlust, denn das wie Seife schäumende Primus-Bier war brühwarm, und auf meine Frage, wo ich ein kaltes Beck's oder Heineken bekäme, führte der Sprecher der Alkoholiker mich zu einer klimatisierten Bar.

8

»Es gibt weder Beck's noch Heineken, aber wir haben Mort subite«, sagte der Mann im Buschhemd, der unter einem Aufkleber mit dem Slogan ES GIBT KEIN BIER AUF HAWAII hinter dem Tresen stand. Ich wähnte mich dem Ziel meiner Suche nah, denn das im Souterrain eines verfallenen Hauses versteckte Lokal hieß *Le Cannibale* und wurde von einem Generator gekühlt, dessen stotternder Motor alle paar Minuten ausfiel und wieder ansprang. Mort subite heißt plötzlicher Tod, und genauso schmeckte das hochprozentige Bier, das in der Äquatorhitze noch tödlicher wirkte. Doch es war gut gekühlt – prosit!

»Mein Name ist Jules de France, aber ich stamme aus Belgien«, fuhr der Mann im Buschhemd fort. »Mein Vater war Kaffee-Exporteur, meine Mutter Tänzerin. So besehen bin ich ein typisches Produkt der Kolonialzeit. Damals gab es hier Missionsschulen und Hospitäler, Straßenbeleuchtung und Müllabfuhr. Wenn ich daran zurückdenke, werde ich verrückt. Früher waren die Regale voll, aber wir hatten kein Geld, um Waren zu kaufen. Dann hatten wir Geld, aber die Regale waren leer. Jetzt sind auch die Regale fort. Ex und hopp!«

»Die Vorsilbe Ex«, fügte der Wirt hinzu und leerte das vor ihm stehende Glas mit einem Zug, »die Vorsilbe Ex hat eine erstaunliche Karriere gemacht. Früher ein kaum beachtetes Präfix, ist sie zum Wort oder Unwort des Jahres avanciert. Man spricht von der Ex-DDR, von Ex-Jugoslawien und der Ex-Sowjetunion. Ich selbst bin Ex-Belgier und Postkolonialist zugleich. Aber ich habe Ihnen meine Freundin Christophine noch nicht vorgestellt!«

»Darf ich eine Zwischenfrage stellen? Ihr Restaurant heißt *Le Cannibale*, aber so viel ich sehe, gibt es hier nur Mort subite.«

»Früher aß man überall am Kongo Menschenfleisch«, sagte Christophine mit heiserer Stimme, die mir bekannt vorkam, und schob sich eine schwarze Olive in den Mund. »Heute wird diese Delikatesse nur noch selten serviert, und wir müssen den Gürtel enger schnallen. Die fetten Jahre sind vorbei!« Und sie brach in schallendes Gelächter aus, bei dem es mir kalt über den Rücken lief.

»Spaß beiseite«, sagte Jules de France und füllte mein Glas bis zum Rand mit Mort subite. »Wenn Sie mehr wissen wollen, gehen Sie zum Büro des Erzbischofs und fragen Sie nach Schwester Maria. Die kann Ihnen weiterhelfen.«

9

Die giftgrüne Wolke ballte sich zusammen zu einer massiven Gewitterfront, aus der scharfkantige Körner prasselten, aber was ich für Eisregen oder Hagel hielt, waren Schwärme von Heuschrecken, die das Licht der Sonne verdunkelten, Büsche und Bäume kahl fraßen und knisternd unter den Schuhen zerbarsten. Ein wabernder Teppich zappelnder Insekten überzog Straßen und Plätze, verklebte die Windschutzscheiben und verstopfte die Auspuffrohre der Autos, während ich im Büro des Erzbischofs, der *procure*, meinen Bericht über die Befreiung Kisanganis tippte.

»Die Rebellen haben sich korrekt verhalten«, sagte Schwester Maria, »anders als die Soldaten der regulären Armee, die Mopeds und Fahrräder, Fernseher und Kühlschränke auf ihre Schiffe luden und alles, was sie nicht mitnehmen konnten, in Stücke hackten. Wie die Heuschrecken!« Sie bog die

Jalousie auseinander und wies auf Wolken von Insekten, die in immer neuen Angriffswellen Hauswände und Dächer umbrandeten. »Eine ägyptische Plage«, fuhr sie fort, »aber ein gefundenes Fressen für die unter Proteinmangel leidende Bevölkerung – himmlisches Manna, wenn man so will!«

Und sie deutete auf eine Gruppe von Passanten, die wahre Veitstänze vollführten, um anfliegende Heuschrecken in der Luft zu erhaschen und sich mit zuckenden Grashüpfern die Taschen vollzustopfen. »In Öl gebraten, schmecken sie wie Pommes frites«, sagte Schwester Maria, die in Saarbrücken Deutsch gelernt und ein Programm zur Resozialisierung minderjähriger Mörder ins Leben gerufen hatte: *Enttraumatisierung* hieß der Fachausdruck dafür, und damit waren Kindersoldaten gemeint, die, von Warlords entführt und zwangsrekrutiert, unvorstellbare Grausamkeiten begangen hatten.

Ich wollte wissen, ob es dabei auch zu kannibalischen Exzessen gekommen sei.

»Ja, aber nicht zur Stillung des Hungers, sondern als magisches Ritual, um sich die Herzen getöteter Feinde einzuverleiben und deren Seelen daran zu hindern, Rache zu nehmen. Sprechen Sie mit Rüdiger Adam in Bunia. Er ist Richter aus Augsburg und sammelt Material über Kannibalismus fürs Menschenrechtstribunal der Vereinten Nationen in Den Haag. Aber erwähnen Sie meinen Namen nicht!«

10

Wenn Kisangani das Herz der Finsternis ist, dann war Bunia der Arsch der Welt, eine Landepiste im Dschungel, bewacht von Hema-Milizionären, die begehrliche Blicke auf die Säcke und Kisten warfen, die Träger vom Volk der Lendu aus dem Bauch des Transporthubschraubers luden, Sojaöl und Milchpulver, das auf dem Schwarzmarkt verkauft wurde, statt hungernde Kinder zu retten. Doch davon wusste ich noch nichts, als ich auf den Rücksitz eines Mopeds stieg, dessen Fahrer mich im Slalom, Schlammlöcher umkurvend, zu Morgan's Guest House fuhr, dem einzigen Hotel am Ort, wo es alles gab, Klimaanlage, Kühlschrank und Fernseher – nur keine Elektrizität. »Wenn Sie duschen oder telefonieren wollen«, sagte Morgan, ein Zypriote, der das Hotel von einem Malteser übernommen hatte, »gehen Sie zum *compound* der Vereinten Nationen, aber seien Sie vorsichtig, die pakistanischen Blauhelmsoldaten sind *trigger happy*, wie man auf Englisch sagt. Kürzlich nahmen sie ein Dorf unter Beschuss, wo gerade Markttag war, und töteten 111 Frauen und Kinder, eine Schnapszahl, nicht wahr? Die Bevölkerung floh in den Busch, und seitdem bringen die Bauern keine Produkte mehr zum Markt.«

Morgan fühlte sich geschmeichelt, als ich ihm erklärte, dass er ein Namensvetter des Piraten Sir Henry Morgan sei, der, von religiösen Skrupeln geplagt, sein eigenes Schiff in die Luft gesprengt hatte – absichtlich, nicht aus Versehen – und später in Kingston der Trunksucht erlegen war. Vielleicht hieß deshalb so der jamaikanische Rum, den es in DDR-

Intershops zu kaufen gab. Und ich erzählte ihm, dass ich das Wrack mit eigenen Augen gesehen hatte, in nur sieben Metern Tiefe, auf einem Korallenriff vor der Küste Haitis.

»Und wer sind Sie?«, fragte Morgan, nahm zwei Gläser aus dem Regal und entkorkte eine Flasche Metaxa, den er für besondere Anlässe im Panzerschrank seines Büros aufbewahrte. »Ich wette, Sie sind kein Journalist, sondern Diamantenschmuggler von Beruf. Wir sind uns schon einmal begegnet, wenn ich nur wüsste, wo. Wären Sie auch an Coltan interessiert?«

Was als feuchtfröhliche Unterhaltung begann, mündete in ein Besäufnis, und ich sank bleischwer aufs Bett. Es fing an zu regnen, doch der warme Schauer brachte keine Kühlung, er verstärkte die Hitze noch, und ich wälzte mich schlaflos auf der Matratze, in Erwartung eines Mopeds, das mich, wie verabredet, zum *compound* der Vereinten Nationen bringen sollte. Es gab kein Taxi in Bunia, und statt des Motorengeräuschs hörte ich das feine Surren eines Insekts, das mein Ohr umkreiste: keine Anopheles-Mücke, sondern eine Tsetse-Fliege, die Flussblindheit oder Schlafkrankheit übertrug. Mit diesem Gedanken muss ich eingeschlafen sein.

11

»Ich bin die Pressesprecherin des Hohen Repräsentanten«, sagte Afra, eine nubische Prinzessin, die mich in ihrem klimatisierten Bürocontainer auf dem mit Sandsäcken und

Stacheldraht verbarrikadierten Gelände des Uno-Compounds empfing. »Trotzdem oder gerade deshalb mag ich keine Journalisten – ich habe nur negative Erfahrungen mit ihnen gemacht.«

»Was meinen Sie damit?«

»Kindesmissbrauch zum Beispiel. Gewiss, es gab vereinzelte Übergriffe, und die pakistanischen Blauhelmsoldaten haben sich nicht mit Ruhm bekleckert. Aber die Medien haben die Vorwürfe unsinnig aufgebauscht.«

»Verstehe. In Bunia und Umgebung soll es zu Fällen von Kannibalismus gekommen sein. Es heißt, Lendu-Krieger hätten die Lebern getöteter Hemas verzehrt.«

»Das sind rassistische Vorurteile, koloniale Klischees, mit denen Afrika als blutrünstig und primitiv diffamiert werden soll.«

»Haben Sie den Namen Adam schon einmal gehört?«

»Kain und Abel, Adam und Eva – ich kenne das Alte Testament so gut wie Sie. Oder meinen Sie den Dorfrichter Adam aus Kleists *Zerbrochenem Krug*? Ich stamme nicht aus Nubien, sondern aus Namibia, und ich habe in Leipzig Germanistik studiert.«

»Und ich bin kein Journalist, sondern Schriftsteller!«

12

Unser verbaler Schlagabtausch endete erst, als wir eng umschlungen im Bett lagen – nicht auf dem Feldbett in Afras Bürocontainer, sondern im King-Size-Bett von Morgan's Hotel, wo zur Feier des Tages – oder der Nacht – kochend heißes Wasser aus der Dusche lief. Afra fiel über mich her wie eine Löwin, die ihre Reißzähne in den Nacken eines Beutetiers gräbt, und ließ erst von mir ab, nachdem wir alle möglichen und unmöglichen Varianten durchprobiert hatten, die ich nur vom Hörensagen kannte: nubischen Sex oder namibischen Sex – vielleicht war es auch sächsischer Sex aus der ehemaligen DDR.

»Ich habe einen Platz im Transporthubschrauber für dich reserviert«, sagte Afra, die mit tropfnassem Haar, in ein Badetuch gewickelt, auf der Bettkante saß. »Er fliegt morgen früh nach Nairobi, zurück in die Zivilisation.«

Ich wollte protestieren, ewige Liebe schwören und ihr erklären, dass ich lieber den Rest meines Lebens in Bunia bleiben, als ohne sie nach Nairobi fliegen würde, aber Afra legte mir ihre gekreuzten Finger auf den Mund.

»Du hast keine andere Wahl. Mein Mann kommt heute Abend aus Kasenyi am Albertsee zurück, wo er den Waffenstillstand zwischen Hemas und Lendus überwacht.«

»Und wer ist dein Mann?«

»Der Dorfrichter aus dem *Zerbrochenen Krug*. Sein Name ist Adam, und die bayerischen Justizbehörden haben ihn an die UN ausgeliehen, damit er Gräuel von und an Kindersoldaten untersucht.« Afra zog ein DIN-A-4-Kuvert aus ihrer Handtasche und legte es mit spitzen Fingern aufs Bett.

»Dieses Dossier ist streng geheim. Ich habe es unter Verletzung meines Diensteids fotokopiert, aber ich warne dich. Es enthält Fotos, die du dir lieber nicht genau anschaust. Schon vom flüchtigen Durchblättern wurde mir schlecht. Ich musste mich übergeben und lag stundenlang wach.«

»Also gibt es doch Kannibalismus im Kongo?«

»Es gibt Dinge zwischen Himmel und Erde, die man besser nicht weiß!«

ACHTE NACHT: HÔTEL BRISE DE MER, CAP HAITIEN, HAITI

»Ich was not yet	wer de wimen
in haiti	arr so ander
nach haiti	so quait ander
wulld ich laik du go	denn anderwo ...«

(Ernst Jandl: *calypso*)

1

Es hat keinen Zweck, ich will und kann es nicht länger verheimlichen: Nicht ich habe die in diesem Buch geschilderten Abenteuer erlebt, sondern mein Doppelgänger, der mich täuschend nachzuahmen versteht, einschließlich der Haarlocke in der Stirn, des fehlenden Schneidezahns und des beim Gehen nachgezogenen linken Beins. Sein Name ist Dschungel-Rudi, doch je nachdem, in welchem Teil der Welt er sich gerade aufhält, nennt er sich Amazonas-Schmidt, Bamako-Paul oder China-Klaus. Ob Dschungel-Rudi mit dem berüchtigten Kongo-Müller identisch ist, bezweifle ich – da müssten Sie Heynowski & Scheunemann fragen, die Kongo-Müller in den sechziger Jahren interviewt haben, aber da in Afrika nichts unmöglich ist, schließe ich auch das nicht aus.

Seitdem ist viel Wasser den Kongo heruntergeflossen, und Dschungel-Rudis Verbuschung ist so weit fortgeschritten, dass sie irreversibel erscheint – eine Trendwende ist nicht in Sicht. Hätte er nach Verlassen des Standorts Deutschland nicht zusammen mit seinem Kulturbeutel auch die indoeuropäische Kultur über Bord geworfen, stünde Dschungel-Rudi heute anders da und sähe auch anders aus: Kultur hat bekanntlich etwas mit Körperpflege zu tun. Doch wie die Dinge stehen und liegen, war seine Regression zum Neo-Neandertaler nicht mehr aufzuhalten, und Dschungel-Rudis in Marmor gemeißelte Denkerstirn, die Empfindungen wie Freude, Trauer, Überraschung, Zorn etc. adäquat auszudrücken verstand, hat sich zu einem Affenschädel verjüngt, dessen fliehende oder fließende Kontur er im Schatten eines Tropenhelms oder Panamahuts verbirgt. Statt in Kultursprachen wie Englisch oder Französisch drückt er sich, mühsam radebrechend, in Pidgin aus oder auf Patois, und statt griechische Hexameter zu deklamieren, summt er Bruchstücke von Liedern auf Takki-takki vor sich hin, der Sprache entlaufener Sklaven in Guyana, die in seinem kranken Hirn alle anderen Idiome verdrängt: *Boesie sa tek' mi baka* – Ich will zurück in den Busch, lautet der stumpfsinnige Refrain.

Ähnlich wie im Fall des Affenmenschen Tarzan ist es mir im Nachhinein zweifelhaft, ob Dschungel-Rudi zur Spezies des Homo sapiens gehörte. Vermutlich litt er nicht am Down-Syndrom, sondern an dem viel selteneren Williams-Beuren-Syndrom, denn obwohl sein Intelligenzquotient gegen null tendierte, war seine Ausdrucksweise zwar grammatikalisch korrekt, aber politisch unkorrekt – oder muss es inkorrekt heißen? Dschungel-Rudi liebte es, ausgefallene Wörter wie *aardvaark* oder *ordovizium* zu benutzen, Pointen dramatisch zuzuspitzen und Ausrufe wie *Pshaw!* oder *Gottverdammich!* in seine Reden einzustreuen, wobei er alle Register der Betonung und Lautmalerei zog. Aber statt ihn umständlich zu beschreiben, erteile ich ihm lieber selbst das Wort.

2

»Meinen ersten Schokoladen-Orgasmus«, sagte Dschungel-Rudi, »hatte ich im April 1945, als mir ein schwarzer GI aus der Luke eines Sherman-Panzers einen Riegel Hershey's-Schokolade zuwarf, die mir wie Butter auf der Zunge zerging: Ich bekam gerade die ersten Milchzähne und war noch kein Jahr alt. Seitdem ist Hershey's with Almonds meine Lieblingsschokolade, die ich den bekanntesten Schweizer Marken vorziehe: Toblerone, Cailler und wie sie alle heißen.«

»Willst du damit sagen, dass du schon als Baby Nussschokolade gegessen hast?«

»Den zweiten Schokoladen-Orgasmus hatte ich in Haiti«, fuhr Dschungel-Rudi fort, ohne sich durch meinen Einwand irritieren zu lassen. »Übrigens entnehme ich das Wort Schokoladen-Orgasmus einem koscheren Kochbuch aus New York, dessen Verfasserin, Deborah Eisenstein, damit die Wirkung einer besonders fetten Nachspeise kennzeichnet, die sowohl Cholesterin als auch Alkohol und Koffein enthält, kalorienbewussten angelsächsischen Protestanten also verboten ist. Nur Afroamerikaner und Hispanics schlingen solche Kalorienbomben in sich hinein, und vielleicht ist das der Grund, weshalb Schokoladen-Orgasmen in New York aus der Mode gekommen sind. Wenn ich New York sage, meine ich den Süden von Manhattan, von der 14. Straße bis zur Wall Street, einen Bezirk, der Greenwich Village, Soho und Little Italy umfasst, Chinatown nehme ich aus, obwohl die Chinesen keine Angst haben vor Cholesterin, denn im Reich der Mitte gilt ein dicker Bauch als Glücksbringer. Bevor sie als Dessertköchin hervortrat, unterrichtete Deborah Eisenstein dekonstruktivistische Literaturtheorie an der New York University. Später machte sie ein Café in der Bleecker Street auf, *Debbie's Place*, und trotz ihrer Leidenschaft für Mousse au Chocolat ist sie nach wie vor gertenschlank. Aber ich wollte von mir selbst erzählen.«

»Den zweiten Schokoladen-Orgasmus«, mit diesen Worten nahm Dschungel-Rudi den Faden seiner Erzählung wieder auf, »erlebte ich, wie gesagt, in Haiti, genauer gesagt an der Plage de Cormier, nicht weit von der Stelle, wo fünfhundert Jahre zuvor die *Santa María* Schiffbruch erlitten hatte. Angeblich haben Taucher spanische Maravedis mit dem Prägestempel Isabellas der Katholischen aus einem von Korallen überwachsenen Wrack zutage gefördert, das in der Nähe von Cap Haitien auf dem Meeresgrund liegt. Aber das ergibt geografisch und chronologisch keinen Sinn, weil der Verlauf der Küste sich geändert hat und der im Historischen Museum von Port-au-Prince gezeigte Anker der *Santa*

María bei Ausschachtungsarbeiten im Innern der Insel zum Vorschein kam. Alle Berichte stimmen darin überein, dass die Schiffsplanken der *Santa María* zum Bau von Hütten verwendet wurden, in denen der von Kolumbus zurückgelassene Teil der Mannschaft überwinterte. Weil es auf Hispaniola keine Jahreszeiten gibt, ist der Ausdruck überwintern genauso falsch wie die Bezeichnung Kolonie für die von Kolumbus gegründete Siedlung La Navidad. Es handelte sich, wie gesagt, um armselige Holzhütten, deren Fundamente bei archäologischen Ausgrabungen freigelegt worden sind. Ich habe die Geschichte an anderer Stelle ausführlich erzählt und brauche deshalb nicht noch einmal darauf einzugehen.«

»Den zweiten Schokoladen-Orgasmus«, fuhr Dschungel-Rudi fort, nachdem er sich mit einem Schluck Barbancourt-Rum gestärkt hatte, den er am liebsten pur trank, mit Eiswürfeln und Limonenscheiben, »erlebte ich, in einer Hängematte dösend, am Strand von Cormier. Ich beobachtete mit halb geschlossenen Augen einen Jungen, der in der Brandung badete. Brandung ist das falsche Wort, es handelte sich um das übliche Geplätscher, mit dem die karibische See die Badegäste einlullt, als könne sie kein Wässerchen trüben, bis ein plötzlich losbrechender Hurrikan Tsunami-Wellen auftürmt, die Häuser mit ihren Bewohnern und Autos samt Insassen fortspülen. Nicht umsonst nannten die Arawak-Indianer, die bei der Landung des Kolumbus die Insel bewohnten, ihren höchsten Gott Uracán.«

»An diesem Morgen war alles ganz anders«, fügte Dschungel-Rudi versonnen hinzu, mit Eisstückchen klirrend, deren Kältehauch sich an der Außenwand seines Glases niederschlug. »Kein Luftzug kräuselte die seidig glänzende See, über der Schmetterlinge flatterten, deren Bezeichnung mir entfallen ist. Sicher ist nur, dass es sich nicht um Falter der Gattung *Hylesia urticans* handelte, die periodisch vom Orinoko-Delta ausschwärmen und im Vorbeiflug ein Gift versprühen, das Hautverätzungen verursacht, gegen die kein Medikament hilft – die *Papillonitis* ist eine unheilbare Krankheit, an der die Deportierten in Cayenne früher qualvoll verendet sind.« Dschungel-Rudi fischte einen Nachtfalter aus seinem Glas, der sich zwischen zwei Eisstückchen verfangen hatte.

»Das hier ist nur eine gewöhnliche Motte, wie Goethe sie in dem Gedicht *Stirb und Werde* verewigt hat«, setzte er hinzu, nachdem er das Tierchen in die Freiheit entlassen hatte, »aber bei den infrage stehenden Insekten handelte es sich um Schmetterlinge, wie sie auch in gemäßigten Breiten vorkommen. Einer dieser Zitronenfalter, wie ich ihn der Einfachheit halber nenne, ließ sich auf dem erigierten Penis eines etwa sechzehnjährigen Jungen nieder, der im flachen Wasser sitzend masturbierte, und zwar so, dass ich, in der Hängematte liegend, mitansehen musste, wie sein unter der Badehose verborgener Penis sich wie eine Zeltstange aufrichtete. Masturbieren heißt auf Kreolisch *Dieu seul me voit*, Gott allein sieht mich, aber der Gott in dieser Geschichte war ich, und erst im Nachhinein wurde mir klar, dass der Junge es darauf angelegt hatte, mich zu verführen, und das erotische Theater nur für mich veranstaltete.«

»Übrigens bin ich nicht schwul«, murmelte Dschungel-Rudi, dessen fließend weiches Gesicht in diesem Augenblick einen Ausdruck männlicher Härte bekam: »Das wäre ein Missverständnis, denn ich bin weder hetero- noch homosexuell.«

»Demnach bist du bisexuell?«

»*Je ne suis ni pour ni contre, mais bien au contraire*, wie eine kreolische Redensart besagt. Trotzdem oder gerade deshalb habe ich mich in diesen sechzehnjährigen Jungen verliebt, ähnlich wie Tonio Kröger bei Thomas Mann.«

»Du meinst *Tod in Venedig*«, warf ich ein. »Der Held der Novelle heißt Aschenbach, und der Knabe, in den er sich verliebt, Tadzio.« Literaturgeschichte war nie seine Stärke gewesen, und im Werk von Thomas Mann kannte Dschungel-Rudi sich nicht aus. Ich bezweifle sogar, dass er je ein Buch zu Ende gelesen hat.

»Meinetwegen. Nennen wir den Knaben also Tadzio. Wenn ich mich auf eine nähere Bekanntschaft mit ihm einließ, so ging es mir dabei nicht um die Befriedigung meines Geschlechtstriebs. Ich würde eher von Spieltrieb sprechen – oder von Experimentierfreude.«

»Und was, glaubst du, unterscheidet dich von Sextouristen, die sich in den Massagesalons von Phuket verwöhnen lassen, wie es so schön heißt, oder es in den Strandhotels von Colombo mit singhalesischen *beach boys* treiben? Im einen wie anderen Fall handelt es sich um sexuelle Ausbeutung, die vom Armutsgefälle zwischen Nord und Süd profitiert und deshalb doppelt verwerflich ist.«

»Was mich von diesen Leuten unterscheidet«, sagte Dschungel-Rudi ernst, »ist meine Liebe zu Menschen aller Hautfarben, ganz gleich, ob gelb oder schwarz, blau oder rot. Ich bin nämlich farbenblind, und ich liebe die anderen nicht nur platonisch, sondern physisch, im biblischen Sinn des Erkennens, weil ich nur so ihr Anderssein körperlich erfahren kann.«

»Und was geschah dann?«

»Als ich ins Auto stieg, um nach Cap Haitien zurückzufahren – der Strand von Cormier liegt außerhalb der Stadt, in der Nähe des Kaps, an dem Pauline Bonaparte sich einen Palast bauen ließ – saß der Sechzehnjährige plötzlich auf dem Beifahrersitz neben mir. Und als ich den ersten Gang einlegen wollte, hielt ich, statt des Schalthebels, seinen erigierten Penis in der Hand. Was dann passierte, weiß ich nicht mehr, die Geschehnisse des Abends und der folgenden Nacht sind in Dunkel gehüllt, als hätte sich ein lila Vorhang über meine Erinnerung gelegt. Ich weiß nur noch, dass ich mir am nächsten Morgen – ich wohnte, wie stets in Cap Haitien, im Hôtel Brise de Mer – wieder und wieder die Zähne putzte, wie Macbeth, nachdem er Duncan ermordet hatte.«

»Du meinst Lady Macbeth, die sich das Blut von den Händen wäscht.«

»Ganz recht. Ich wollte einen Makel von mir abwaschen und jede Erinnerung austilgen an das, was auf dem Autositz und später im Hotelzimmer geschah.«

»Wie oft?«

»Ich habe es nicht gezählt. Aber wie alle Heranwachsenden hatte der Junge einen mordsmäßigen Appetit. Beim Frühstück hat er ein Dutzend Spiegeleier verzehrt. Hinterher hat er sich aus meinem Koffer Bluejeans und Hemden ausgesucht, für seinen Bruder, wie er behauptete. Damals war ich schlanker als jetzt, aber meine Jeans waren ihm trotzdem zu groß.«

»Wann war das?«

»Im Februar 1986.«

»Hattest du keine Angst vor Aids?«

»Doch, aber die Bewohner von Cap Haitien hatten andere Sorgen zu dieser Zeit.«

»Du sprichst von der friedlichen Revolution, die mit Baby Docs Sturz endete?«

»Richtig. Am Morgen nach dieser denkwürdigen Nacht, es war ein Sonntag, fand ich mich in einer vieltausendköpfigen Menge wieder, die sich mit Palmzweigen in Händen auf dem Platz vor der Kathedrale versammelte, um für den

Sturz der Diktatur zu demonstrieren. Ich war verwirrt und beschämt, denn ich hatte seit Jahren auf diesen Augenblick gewartet: Die frohe Botschaft, die das Glockengeläut an diesem Morgen verkündete, war das Erwachen aus einem jahrzehntelangen Alptraum, der Anfang vom Ende der Duvalier-Diktatur. Die freudige Erregung sprang auf mich über, aber noch mehr erregte mich der Gedanke an das, was im Lauf der Nacht geschehen war, und ich ertappte mich dabei, wie ich auf der Suche nach Tadzio durch den immer länger werdenden Demonstrationszug irrte. Zwei Stunden zuvor hatte ich mich mit dem festen Vorsatz, ihn niemals wiederzusehen, von dem Jungen verabschiedet; und ich begriff, dass Cupido meinen Weg gekreuzt und mir den Verstand geraubt hatte«, sagte Dschungel-Rudi und spülte die bitter aufstoßende Erinnerung mit Barbancourt-Rum herunter.

»Habe ich die Tontons Macoutes schon erwähnt?« Durch dieses Nadelöhr fädelte er das Garn seiner Erzählung wieder ein. Tonton heißt Onkel auf Kreolisch, und macoute nennen Haitis Bauern die aus Bast geflochtenen Beutel, in denen sie Habseligkeiten und Proviant transportieren. Knecht Ruprecht ist die passende Übersetzung dafür. Offiziell wurden die Milizen, mit deren Hilfe Baby Docs Vater Papa Doc die Macht ergriffen hatte, als Freiwillige der nationalen Sicherheit deklariert, aber im Volksmund hießen sie Tontons Macoutes. Am Vortag hatte ich sie in Stoßtrupps ausschwärmen und mit Knüppeln und Macheten auf jeden einprügeln sehen, der sich trotz des Ausgehverbots auf die Straße wagte. Jetzt hockten die blau uniformierten Todesengel auf den Laderampen und schauten verunsichert auf die mit Palmzweigen und Bibeln bewehrten Demonstranten, die sie wie ein grüner Ozean umbrandeten und die Soldaten aufforderten, von den Lastwagen herunterzusteigen und sich in den Protestmarsch einzureihen. Aber die Hoffnung war verfrüht.

Der Menschenstrom trieb mich in die ausgebreiteten Arme einer Big Mama, zwischen deren Brüsten ich wie in einer tropischen Lagune strandete, als ich, nur wenige Meter von mir entfernt, die rote Baseballmütze sah, die Tadzio sich von meinem Geld gekauft hatte. Vergeblich versuchte ich, dem Gewühl zu entkommen, dessen Brandung mich immer wieder zwischen die Klippen schleuderte, da knallte, während meine neue Gebieterin mir ihren Namen ins Ohr flüsterte – sie hieß Christophine – in nächster Nähe ein Schuss, gefolgt von mehreren Detonationen, ein stotterndes Stakkato, das wie Trommelwirbel klang, übertönt von einem Ruf, der sich von Mund zu Mund fortpflanzte, kumulierend in dem sich überschlagenden Schrei: »Sie schießen auf uns!«

3

Ich überspringe den Rückweg zum Hotel, wo ich unter dem anfangs kalten, dann heißen Strahl der Dusche den Staub und Schweiß des Vormittags in den Ausguss spülte. »Écoutez, Monsieur«, sagte der Hotelmanager, Monsieur Beck, während der Barmann mir einen Aperitif servierte: Barbancourt-Rum mit Limonensaft und braunem Zucker, zerstoßenen Eiswürfeln und einem Schuss Bitterlikör. »Écoutez, Monsieur«, sagte er und hob lauschend den Kopf: »Sie schießen nicht in die Luft, sondern gezielt in die Menge hinein!« Das Hôtel Brise de Mer lag an der Uferpromenade, und aus einer Seitenstraße waren Schüsse zu hören, die, wie stets im Augenblick der Gefahr, harmlos klangen, als würden Sektflaschen entkorkt oder Knallfrösche gezündet, unterbrochen vom Sirenenton einer Ambulanz, die Verletzte ins Krankenhaus brachte. Ich nippte am *rhum sour*, der vorzüglich schmeckte – nicht zu sauer und nicht zu süß, als mich wie ein Sturzregen die Gewissheit überfiel, dass es nicht Cupido war, also nicht *Lamour*, zusammengeschrieben und ohne Apostroph, sondern *Lamort*, dessen schwarz gefiederter Pfeil mich gestreift oder, wer weiß, ins Herz getroffen hatte. Und während ich aufsprang und dem Barmann einen Dollarschein in die Brusttasche steckte – ein zu hohes Trinkgeld, gemessen an den Preisen hier –, dachte ich an Lessings Schrift *Wie die Alten den Tod gebildet*: nicht als Sensenmann oder Gerippe, sondern als nackten Jüngling, der in Morpheus' Armen ruhte. *Schlaf und Tod, die düstern Adler / umrauschen nachtlang dieses Haupt*: Aber der Schlaf löst die ermatteten Glieder, während der Tod sie in Todesstarre versetzt, aus der kein Weckruf sie erlöst – abgesehen von den Posaunen des Jüngsten Gerichts, an das ich nicht glaube.

Solche Gedanken gingen mir durch den Kopf, als ich an der Ecke 14. Straße, Avenue L aus dem Taxi stieg: Cap Haitien, das frühere Cap Français, die Perle der Antillen und einstige Hauptstadt der französischen Kolonie, ist wie viele Kolonialstädte schachbrettartig angelegt. Ich klopfte an die von einer MP-Salve durchsiebte Tür und befürchtete das Schlimmste, als ich die Schneiderwerkstatt betrat, an deren Stuhllehne eine rote Baseballmütze hing. Die gekalkten Wände waren mit Blutspritzern gesprenkelt und von Einschusskratern gekerbt, auf dem Tisch stand ein Glas mit Konservierungsflüssigkeit, Alkohol oder Spiritus, in dem Bruchstücke einer Schädeldecke schwammen. Auf einer per Pedal angetriebenen Singer-Nähmaschine lagen fabrikneue Levi's Jeans, die mir bekannt vorkamen: Es waren meine eigenen – am Vorabend hatte ich sie Tadzio geschenkt. Sein Onkel, der Schneider Christophe Chanel, 54, hatte sich gerade über die Nähmaschine gebeugt, um die Hosen enger zu machen, als eine Geschosssalve die Tür durchschlug. Der alte Herr – wer über fünfzig ist, gilt in Haiti als Greis – war auf der Stelle tot: Die großkalibrige Munition riss ihm die Schädeldecke wie einen Hut vom Kopf. Jetzt lag er im Sonntagsanzug nebenan auf dem Ehebett. Ob ich ihn sehen wolle, fragte die Tochter des Verstorbenen und öffnete die Tür zum Schlafzimmer, wo eine schwarz gekleidete Frau, die sich bei meinem Eintritt erhob, in mattem Kerzenschein die Totenwache hielt. Ich sprach der Witwe mein Beileid aus und drückte ihr in hilfloser Anteilnahme eine Fünfzigdollarnote in die Hand, aber sie schüttelte stumm den Kopf und gab mir das Geld zurück. Vor zwei Stunden sei der Polizeichef hier gewesen, sagte ihre Tochter, und habe der Familie tausend Dollar angeboten, falls sie bereit sei, den Toten ohne Aufsehen in aller Stille zu beerdigen. »Lieber gehe ich betteln, als von den Mördern meines Mannes Geld anzunehmen!« Erst jetzt begriff ich, dass die jüngere Frau die Witwe des Getöteten, die ältere aber dessen Mutter war, die von mir wissen wollte, ob ich Mitglied der Baptistengemeinde und von Pater Hodges geschickt worden sei. »Nein, ich bin kein Missionar.« – »Und was führt Sie zu uns?« Statt einer Antwort zeigte ich auf die Baseballmütze und die Bluejeans, und nach kurzem Wortwechsel, den ich nicht verstand, lieh die ältere der beiden, die gebrochen englisch sprach, sich meinen Kugelschreiber und kritzelte einen Namen und eine Adresse in mein Notizbuch.

4

»I went down to Saint James Infirmary / found my baby there / stretched out on a long white table / so fair, so sweet, so cold« – die Melodie dieses Trauermarschs, den ich früher auf dem Altsaxofon gespielt hatte, summte ich in Gedanken vor mich hin, als das Taxi mich an der angegebenen Adresse absetzte: 17, rue Q. Cap Haitien ist schachbrettartig angelegt, ich sagte es schon. Und erst beim Aussteigen wurde mir klar, wie gut der Text zu der Örtlichkeit passte, denn das Wort JUSTINIEN, das die alte Dame in Großbuchstaben in mein Notizbuch gemalt hatte, war nicht der Vor- oder Nachname des jungen Mannes, den wir Tadzio nennen: So hieß das örtliche Krankenhaus, *Hôpital Justinien*, eine staatliche Klinik, die für den Norden Haitis, eine Region mit einer Million Einwohnern, zuständig war. Und obwohl ich wusste, dass die Regierung nur auf dem Papier existierte und sich überall, wo sie gebraucht wurde, ihrer Verantwortung entzog, war ich nicht vorbereitet auf das, was mir beim Gang durch die Korridore entgegenschlug, angefangen beim Geruch.

»Uns fehlt sauberes Wasser«, sagte Dr. Bernardin, der in der Notaufnahme vergeblich eine Wunde zu desinfizieren versuchte, keine Schussverletzung, wie er sagte, sondern ein Verkehrsunfall, bei dem ein kleines Mädchen von einem Sammeltaxi angefahren worden war – nichts Besonderes, so etwas komme alle Tage vor. Und obwohl ich ihn darum bat, erst die Verletzte zu versorgen, ließ er das Kind in der Obhut einer Krankenschwester zurück und bestand darauf, mir seine Klinik zu zeigen, weil er einen potenziellen Geldgeber in mir sah und damit nicht einmal unrecht hatte. »Uns fehlt sauberes Wasser, besonders jetzt in der Trockenzeit, nachdem es monatelang nicht geregnet hat. Der Druck beträgt...« – Dr. Bernardin nannte eine Zahl, deren Sinn ich nicht verstand, und setzte auf Nachfrage hinzu, es handle sich um zehn Prozent des für den Betrieb der Klinik benötigten Wasserdrucks.

»Die Angehörigen unserer Patienten müssen Trinkwasser kaufen, aber sie haben kein Geld. Die Arbeitslosenquote ist so hoch wie die Säuglingssterblichkeit: Jedes dritte Kind stirbt vor dem fünften Lebensjahr an Malaria oder an Tbc. Ich zitiere eine Statistik der WHO.«

Dr. Bernardin blieb stehen und schaute mich an, um die Wirkung seiner Worte zu prüfen. Er öffnete die Tür zur pädiatrischen Station und zeigte auf ein Gitterbett, in dem zwei kranke Kinder auf einer versifften Matratze lagen; eins hing apathisch am Tropf, das andere bekam von seiner Tante Brei eingeflößt. »Das *Hôpital Justinien* hat 250 Betten und muss 600 Patienten versorgen, Familienangehörige nicht mitgerechnet, die im Garten Essen kochen, Wäsche waschen und in Fluren oder auf der Treppe übernachten.«

»Ich kenne Haiti«, hörte ich mich sagen, während ich auf der Suche nach Tadzio die Reihe der Betten abschritt, zwischen denen sich ungewaschenes Geschirr, zerbeulte Nachttöpfe und leere Blutkonserven stapelten: »Ich bin nicht zum ersten Mal hier.« Weder im Lauf der Nacht noch am Morgen, meinte Dr. Bernardin, nachdem ich ihm mein Anliegen geschildert hatte, sei ein junger Mann mit einer Schussverletzung ins Hospital eingeliefert worden. Die Tontons Macoutes hätten dem Klinikpersonal verboten, verwundete Demonstranten zu versorgen, und Zuwiderhandlungen würden streng bestraft. »Wenden Sie sich ans bischöfliche Ordinariat, dort kann man Ihnen weiterhelfen!«

Ich wollte mich verabschieden, aber Dr. Bernardin bestand darauf, mir die im Hof der Klinik installierte Wasserpumpe zu zeigen, eine fabrikneue Pumpe, die einwandfrei funktioniert habe, aber seit Wochen stillstehe wegen eines defekten Dieselaggregats. Die Baptistenmission in Limbé habe fünfhundert Dollar gespendet; jetzt fehlten noch dreihundert, um die Pumpe wieder in Gang zu setzen.

»Und was ist das?«

Ich zeigte auf eine rostfleckige Wellblechbaracke, eine Art Geräteschuppen, aus dessen Türspalt pestilenzialischer Gestank nach draußen drang. »Unsere behelfsmäßige *morgue*.

Weil die Elektrizität ausgefallen ist, werden nicht identifizierte Leichen hier zwischengelagert.« Ich gab Dr. Bernardin einen Zehndollarschein, er zog einen Schlüsselbund aus der Tasche seines Arztkittels und entriegelte das in den Scharnieren quietschende Tor. »Vorsicht – gehen Sie nicht zu nah heran!« Aus der Tiefe des Raums war Quieken zu hören, eine Ratte schoss zwischen meinen Hosenbeinen hindurch und, ein Taschentuch vor der Nase, spähte ich ins Innere des Verschlags, in dem von der Hitze mumifizierte Tote, halb oder ganz verwest, wie Brennholz gestapelt lagen. Ich zuckte zurück, Brechreiz stieg in mir hoch, und, gestützt auf den Unterarm von Dr. Bernardin, der mir beruhigend auf die Schulter klopfte, übergab ich mich in der Ecke des Hofs.

5

»An Fortschritt glauben heißt nicht, dass ein Fortschritt schon geschehen ist«, sagte Bischof Gayot, der mir im Büro der Diözese gegenübersaß, unter einem Farbposter mit der Aufschrift ICH BIN DER WEG, DIE WAHRHEIT UND DAS LEBEN, auf dem Johannes Paul II. bei seinem Haiti-Besuch zu sehen war, wie er im Papamobil durch die jubelnde Menge fuhr. »Eine falsche Bildunterschrift«, setzte der Bischof mit Blick auf das Poster hinzu: »Nicht der Heilige Vater – Jesus Christus hat diese Worte gesprochen, als er am Palmsonntag nach Jerusalem ritt.« Trotzdem sei er dem Papst zu Dank verpflichtet: Hätte der nicht vor Tausenden von Menschen *Fok sa changé* gerufen, kreolisch für: Hier muss sich was ändern, säße er heute nicht hier. »Als Gegenleistung für den Papstbesuch stimmte Baby Doc meiner Berufung zum Bischof zu, obwohl sein Regime mich zur Persona non grata erklärt hatte. Gottes Wege sind unerforschlich. Was kann ich für Sie tun?«

»Mir fehlen die Worte. Ich weiß nicht, wie ich anfangen und wo ich aufhören soll. Aber ich weiß, dass ich gesündigt habe!«

»Der wahre Weg«, sagte Bischof Gayot, nachdem ich ihm meine Sünden gebeichtet und den Grund meines Kommens dargelegt hatte, »der wahre Weg führt über ein Seil, das knapp über dem Boden gespannt ist und eher bestimmt scheint, stolpern zu machen, als begangen zu werden. Wissen Sie, wer das geschrieben hat? Kein Christ, sondern ein Jude, der mehr von Theologie verstand als die Kurie in Rom.«

Ich kniete nieder wie ein bußfertiger Sünder, aber Bischof Gayot drehte sich abrupt um und kehrte mir den Rücken zu. »In nomine patris et filii et spiritus sancti«, murmelte er, als spreche er nicht zu mir, sondern zu dem über seinem Schreibtisch angebrachten Kruzifix, und malte das Kreuzzeichen in die Luft. »Die Sünden des Fleisches sind dir vergeben, die des Geistes nicht!«

»Was soll das heißen?«

»Das müssen Sie selbst herausfinden!«

6

Ich fühlte mich wie Jesus beim Einzug nach Jerusalem, obwohl ich nicht auf dem Rücken eines Esels, sondern auf dem Rücksitz einer Vespa saß, die von einer Ordensschwester durch die überfüllten Straßen gesteuert wurde. Cap Haitien, vor einer Stunde noch eine von Truppen besetzte Stadt, war jetzt ein befreites Territorium, der Frühlingswind der Demokratie hatte die Diktatur hinweggefegt. Doch der Jubel der Massen galt nicht mir und auch nicht der barmherzigen Schwester in ihrer Ordenstracht, sondern einem Lkw mit Soldaten, die statt Gewehren Palmzweige in Händen hielten, mit denen sie den Passanten zuwinkten, während die Menge *Nous pas communistes – nous américains!* skandierte und mit Dollarscheinen wedelte als Beweis dafür, dass sie keine Kommunisten waren, wie der Regierungssprecher behauptet hatte. Verkehrte Welt: Das Volk jubelte der Armee zu, die gestern noch auf Zivilisten geschossen hatte. Aber der Burgfrieden hielt nicht lange, die Seifenblase platzte, Schaufenster gingen zu Bruch, Porträts des Präsidenten wurden von den Wänden gerissen und *Duvalier nan caca!* – Duvalier in die Scheiße auf Hausmauern gesprüht, während ein zorniger Mob die Lada-Vertretung von Baby Docs Schwiegervater stürmte, der beim Volk noch verhasster war als das Staatsoberhaupt.

»Ich habe nichts gegen die Proteste«, sagte Monsieur Beck, als er mir an der Rezeption den Zimmerschlüssel übergab. »Aber hätten die Demonstranten sich nicht einen anderen Tag aussuchen können? Morgen erwarten wir einen norwegischen *cruise liner* mit 399 Touristen, und am Mittwoch kommt noch ein Kreuzfahrtschiff. Haiti sägt an dem Ast, auf dem es sitzt, und das Volk schneidet sich ins eigene Fleisch!«

7

Am nächsten Morgen wurde ich noch vor Sonnenaufgang geweckt, aber was ich für den Gesang einer mir unbekannten Vogelart hielt, war der Lärm von Plünderungen und Ausschreitungen gegen die Häuser stadtbekannter Tontons Macoutes. Nicht Morgenrot, Flammenschein rötete den nachtdunklen Horizont.

Als ich vor die Tür trat, geriet ich in eine Menschenmenge, die schiebend und stolpernd zum Hafen drängte. Von fern drang Getöse wie von Hammerschlägen an mein Ohr: Der Lärm kam aus dem Lebensmittellager einer Hilfsorganisation, das von Slumbewohnern gestürmt und leer geräumt wurde – unter den Augen der Polizei. *Voler américain c'est pas voler* hieß ein kreolisches Sprichwort: Diebstahl bei Amerikanern ist kein Diebstahl. Die Angreifer hatten das Tor der Lagerhalle mit Brecheisen aufgestemmt und rissen turmhoch gestapelte Reis- oder Mehlsäcke und Kanister mit Sojaöl von unten weg, so lange, bis zentnerschwere Gewichte polternd auf sie niederstürzten. Szenen aus Dantes Inferno, von einem CBS-Kamerateam gedreht – CNN gab es damals noch nicht. Die Armee stand Gewehr bei Fuß und griff nur ein, um streitende Frauen, die sich filmreif im Schlamm wälzten, mit Kolbenhieben zu trennen. Bilanz des Chaos: vier Tote, drei davon Kinder, unter Reissäcken begraben oder im Mehlstaub erstickt. Jetzt wusste ich, was eine Hungerrevolte war.

8

Die Fahrt von Cap Haitien ins fünf Autostunden entfernte Port-au-Prince dauerte doppelt so lang wie sonst: eine Höllenfahrt, vorbei an brennenden Barrikaden, schießwütigen Soldaten, singenden und tanzenden Menschen, die wie Besessene bei Voodoo-Zeremonien mit Macheten um sich schlugen und auch durch den Ruf *À bas Duvalier!* nicht zu besänftigen waren. Erst das Zauberwort *télévision allemande* verschaffte mir freie Bahn. Links und rechts der Straße wurde geplündert, Häuser und Geschäfte von Profiteuren des Regimes gingen in Flammen auf, aber auch landwirtschaftliche Kooperativen und Missionsschulen wurden plattgemacht. Anders als die gängige Redensart besagt, ließen die Diebe alles mitgehen, was niet- und nagelfest war: Zementbausteine und Dachplatten, Waschbecken und Duscharmaturen wurden aus den Verankerungen gerissen, selbst die Aktenordner eines Entwicklungsprojekts wurden als Beutegut weggeschleppt.

In Port-au-Prince herrschte »angespannte Ruhe«. Nach Einbruch der Dunkelheit waren Gewehrschüsse zu hören; Lebensmitteldepots wurden geplündert, Regierungsautos demoliert, Slumbewohner massakriert. Nach einer »triumphalen Tournee« durch menschenleere Straßen wandte Baby Doc sich in einer aus dem Präsidentenpalast übertragenen Fernsehrede an sein Volk und verhängte den Belagerungszustand: Die kirchlichen Rundfunksender Radio Soleil und Radio Lumière wurden verboten mit der Begründung, sie hätten mit Hetzparolen das Volk aufgewiegelt, ebenso Schulen und Universitäten, die der Staatschef auf unbestimmte Zeit schließen ließ. Der Pressesprecher des Weißen Hauses, Larry Speakes, hatte die voreilige Meldung, Jean-Claude Duvalier habe sich ins Ausland abgesetzt, dementiert, und die Tontons Macoutes, gestern noch ängstlich in ihren Kasernen verschanzt, paradierten wieder stolz durch die Stadt. *M'rèd tankou kè makak* – ich stehe stramm wie ein Affenschwanz, sagte der Präsident in der kreolischen Version seiner Rede, die rund um die Uhr im Radio lief, unterbrochen von Marschmusik, während die Bevölkerung schon einen anderen Refrain anstimmte: *Panama m' tombé* – mein Panamahut ist heruntergefallen, ein Spottlied, das in Haiti immer dann gesungen wird, wenn die Regierung stürzt. Die Prophezeiung der Voodoo-Priester, der Halleysche Komet sei der Anfang vom Ende der Duvalier-Diktatur, hatte sich schneller als erhofft bewahrheitet.

9

Im Morgengrauen des 7. Februar 1986 floh Jean-Claude Duvalier ins französische Exil, wo er seitdem lebt: Anfangs in einer Luxusvilla an der Côte d'Azur, später in einer Eigentumswohnung in Paris, nachdem er sich mit Mama Doc zerstritten hatte, die jeden Scheck gegenzeichnen musste, wie Papa Doc es in seinem letzten Willen verfügt hatte. Die auf Schweizer Bankkonten deponierten Millionen, die Haitis neue Regierung für sich beanspruchte, blieben so unauffindbar wie mein Freund Tadzio, von dem ich bis heute nicht weiß, ob die Tontons Macoutes ihn ermordet haben oder ob er das Duvalier-Regime überlebt hat. Vielleicht ist er auf einem baufälligen Boot nach Florida gelangt, hat geheiratet, eine Familie gegründet und arbeitet als Postbote oder als Gärtner in Miami. Ich habe keine Ahnung, was aus ihm geworden ist, aber ich weiß, dass die kurze Begegnung mit Tadzio mein Leben verändert hat – danach war nichts mehr so wie zuvor. Und ich weiß, dass er mir heute noch fehlt, wenn ich, aus einem wiederkehrenden Albtraum erwachend, den Arm nach ihm ausstrecke, und die Bettstelle neben mir ist leer.«

EPILOG

Meine vorläufig letzte Begegnung mit Dschungel-Rudi fand in der Mokuti-Lodge im Norden Namibias statt, am Rand der Etoscha-Pfanne, einem Naturschutzgebiet, das wie ein Wok, in dem Bambussprossen simmern, in der Tropensonne schmort. Der Vergleich ist nicht zu weit hergeholt, denn die in der Hitze brütende Savanne brutzelt wie eine Bratpfanne, in der Herden von Giraffen, Zebras und Gnus verkrustetes Salz vom Boden lecken, während sich die über den Pfannenrand beugenden Touristen zum Schutz gegen die Sonne mit Öl einreiben und von Buschmännern und Hottentotten, die politisch korrekt San oder Nama heißen, als Ölsardinen verspottet werden. Dschungel-Rudi reihte sich unauffällig in eine vor dem Büffet anstehende Reisegruppe ein, die sich auf Schwyzerdütsch und Afrikaans über den Inhalt der Pfannen und Töpfe verständigte: Statt von Rinderfilets und Schweinshaxen war von Springbocksteaks und Kudukoteletts die Rede. Er trug einen Safarianzug aus Zwillichstoff, an dessen Rockschoß ein wie ein Schwalbenschwanz geformtes Stativ baumelte. Die mit Schnallen und Gurten versehenen Taschen waren vollgestopft mit technischem Zubehör, dessen Sinn und Zweck ich nicht verstand, und er hielt ein Mobiltelefon ans Ohr, in das er Anweisungen auf Afrikaans erteilte, während er mit der freien Hand Fleischbällchen auf einen Teller lud. Dschungel-Rudi hatte einen Fez auf dem Kopf und eine

Kette mit Leopardenkrallen um den Hals, die ihren Träger vor Buschzauber und bösem Blick beschützten, und trotz der hierzulande häufigen Speikobras und Skorpione steckten seine nackten Füße in Gummilatschen. Seit ich ihn auf der Terrasse des Hotels La Paillote in Cotonou zum letzten Mal gesehen hatte – oder war es das Hôtel Brise de Mer in Cap Haitien? –, war Dschungel-Rudi um Jahrzehnte gealtert: Sein flachsblondes Haar, das er wie eine Löwenmähne zu schütteln pflegte, war aschgrau, und auf dem wettergegerbten Gesicht hatte des Lebens Auf und Ab mit der Pflugschar Rillen eingegraben, die wie Marskanäle die Haut zerfurchten und wie Krater erloschener Vulkane von gewaltsamen Eruptionen zeugten. Nur der durchtrainierte Bizeps, an dem jede Muskelfaser plastisch vortrat, verriet einem geschulten Beobachter, dass dieser Mann Wüsten und Savannen durchquert, Steilwände durchklettert und Meerengen durchschwommen hatte.

Dschungel-Rudi arbeitete als Animateur, wobei ihm sein multiples Sprachtalent zu Hilfe kam: Er verständigte sich in einem Gemisch aus Englisch und Französisch, in das er japanische und Suaheli-Wörter einflocht, je nachdem, ob er mit einem Touristen aus Nippon oder einem afrikanischen Kellner sprach. Wenn er keinen Gesprächspartner fand, redete er mit sich selbst auf Kreolisch oder in Lingala, der Verkehrssprache am Kongo. Während ich innerlich von ihm Abschied nahm, hielt er, in eine Dschellabah gekleidet, mit glänzend gegeltem Haar, Hof im Kreis von Mekka-Pilgern, mit denen er sich in klassischem Hocharabisch unterhielt. Ich betrachtete ihn aus der Distanz, ohne mein Inkognito zu lüften, und ertappte mich bei dem Gedanken, dass Dschungel-Rudi besser Duschgel-Rudi geheißen hätte.

»Der Typ stand ständig unter Strom«, gab seine Frau Jane nach der Scheidung von Dschungel-Rudi zu Protokoll: »Er surfte in acht Nächten um die Welt und zappte durchs Leben, als sei es ein Fernsehprogramm. Mal spielte er den flexiblen Kontakter, mal den gehetzten Akteur, aber im Grunde war er ein sensibler Drifter und kam mit sich selbst nicht klar. Gleichzeitig wollte er Freunde haben und war bereit zu echtem Engagement. Dschungel-Rudi brauchte das Gefühl, von seinen Mitmenschen anerkannt zu werden, obwohl er alle ihm nahestehenden Personen schamlos ausgebeutet und wie nasse Lappen ausgewrungen hat.«